Deepak Chopra

WER GOTT SUCHT,
WIRD SICH SELBST FINDEN

DEEPAK CHOPRA

WER GOTT SUCHT, WIRD SICH SELBST FINDEN

Titel der Originalausgabe:
The Essential: How to know God
The Essence of the Soul's Journey into the Mystery of Mysteries
Harmony Books/Random House, Inc.,
New York, 2000

Copyright © 2000, 2007 by Deepak Chopra, M.D.
This translation published by arrangement with
Harmony Books, an imprint of The Crown
Publishing Group, division of Random House Inc.

Deutsche Ausgabe:
© 2012 KOHA-Verlag GmbH Burgrain
1. Auflage
Alle Rechte vorbehalten
Aus dem Englischen von Nayoma de Haën
Lektorat: Maria Müller
Gesamtherstellung: Karin Schnellbach
Druck: CPI, Moravia
ISBN 978-3-86728-198-0

INHALT

Anmerkung des Autors	7
Ein realer und nützlicher Gott	11
Das Geheimnis der Geheimnisse	31
Sieben Stufen der Gotteserfahrung	40
Ein Handbuch für Heilige	113
Außergewöhnliche Kräfte	120
Wege zu Gott	132

Für Herms Romijn

Was die göttlichen Dinge betrifft, ist Glauben nicht angemessen. Nur Gewissheit genügt. Weniger als Gewissheit ist Gottes nicht würdig.
— Simone Weil

ANMERKUNG DES AUTORS

Es gibt nur wenige Dinge im Leben, die ich befriedigender finde als Lernen und Lehren. Wir werden alle mit einer unersättlichen Neugier auf die Welt um uns herum geboren, und ich hatte das Glück, in einem Zuhause aufzuwachsen, wo diese Neugier gefördert wurde. Heute, als Erwachsener, genieße ich das Beste beider Welten: Ich kann einerseits die Wissenschaften, die alten Weisheiten, die Gesundheit und den Geist erforschen und andererseits durch meine Bücher und Vorträge weitergeben, was ich gelernt habe – und damit anderen helfen, ihre Neugier zu befriedigen.

Wenn ich vor einem Publikum spreche, dann stelle ich meine Ideen je nach der Zeit, die mir zur Verfügung steht, knapp oder ausführlicher dar. Ein Fünf-Minuten-Clip in einem Morgenmagazin erfordert eine ganz andere Darstellung als eine einstündige Sendung in meinem wöchentlichen Sirius-Radio-Programm, und diese wiederum wirkt sehr kurz im Vergleich zu den einwöchigen Kursen, die ich in aller Welt leite. Mir wurde klar, dass das auch auf unsere Lektüre zutrifft. Wir verfügen schließlich nicht immer über den Luxus, uns die Zeit nehmen zu können, ein ganzes Buch über eine neue Idee zu lesen. Vielleicht haben wir aber die Zeit, die Essenz dieser Idee aufzunehmen.

Aus diesem Gedanken heraus ist diese kleine Buchreihe entstanden. Sie beginnt mit drei Büchern, die in ihrer ausführlichen Form viele Menschen begeistert haben: *Jung bleiben – ein Leben lang; Wer Gott sucht, wird sich selbst finden* und *The Spontaneous Fulfillment of Desire*. Für diese neuen, zusammenfassenden Bände habe ich aus den Originalen die wichtigsten Elemente herausgefiltert. Ich hoffe, diese Reihe ist sowohl Menschen dienlich, die meine Werke zum ersten Mal kennenlernen, als auch jenen, die diese Bücher vielleicht bereits gelesen haben, sich aber gerne noch einmal von den zentralen Ideen inspirieren lassen möchten.

Wer Gott sucht, wird sich selbst finden erkundet die Idee der Entfaltung des Bewusstseins Gottes in sieben Stufen, von denen jede ihren eigenen Wert hat. Jede dieser Stufen bringt uns dem vollen Kontakt mit dem ultimativen Geheimnis, dem Geist Gottes, einen Schritt näher. Wenn Gott ein Spiegel ist, in dem wir uns – meiner Grundannahme dieses Buches entsprechend – uns selbst offenbaren, dann erscheint uns Gott als zornig und richtend, wenn wir selbst von Angst beherrscht sind. In demselben Spiegel erkennen wir Gott als unendlich liebend, wenn wir zu einer inspirierenden Wahrnehmung unseres eigenen grenzenlosen Potenzials gelangt sind. Auf diesen Seiten versuche ich, Ihnen ein Gespür für diese spirituelle Landschaft zu vermitteln, damit Sie sich in ihr orientieren und Ihr höchstes Selbst erfahren können. Denn dies ist der Weg, Zugang zu jener letzten Wirklichkeit zu finden, zu jenem Zustand unendlicher Selbst-Bewusstheit, in der wir dem Göttlichen von Angesicht zu Angesicht begegnen.

1

Ein realer und nützlicher Gott

Gott hat das erstaunliche Kunststück vollbracht, unsichtbar zu sein und doch verehrt zu werden. Es scheint zwar unmöglich, auch nur eine einzige Tatsache über den Allmächtigen zu berichten, die vor Gericht Bestand hätte, doch irgendwie glaubt die große Mehrheit der Menschen an Gott – einigen Umfragen zufolge bis zu sechsundneunzig Prozent. Das enthüllt eine tiefe Kluft zwischen dem Glauben und unserer Alltagsrealität. Diese Spaltung gilt es zu heilen.

Wie sähen denn die Tatsachen aus, wenn es sie gäbe? Alles, was wir als materielle Wirklichkeit erfahren, stammt aus einem unsichtbaren Reich jenseits von Zeit und Raum, welches aus wissenschaftlicher Sicht aus Energie und Informationen besteht. Etwas lässt aus der Quantensuppe Sterne, Galaxien, Regenwälder, Menschen und unsere Gedanken entstehen. Wie wir sehen werden, ist es nicht nur möglich, diese Quelle der Existenz zu erkennen, sondern wir können mit ihr auch innig vertraut werden und uns mit ihr vereinen. Wenn das geschieht, erfahren wir Gott.

Jahrhundertelang kannten wir Gott durch den Glauben, doch jetzt sind wir bereit, die göttliche Intelligenz unmittelbar zu verstehen. Dieses neue Wissen bestätigt in vielfacher Weise die Verheißungen der spirituellen Traditionen. Gott ist unsichtbar und bewirkt doch alle Wunder. Jeder Impuls der Liebe kommt von ihm. Schönheit und Wahrheit sind Kinder Gottes. Wo das Wissen um diese unendliche Quelle von Energie und Kreativität fehlt, wird das Dasein elend. Die auf echtem Verständnis beruhende Nähe zu Gott heilt die Angst vor dem Tod, bestätigt die Existenz der Seele und verleiht dem Leben tiefsten Sinn.

Unsere ganze Vorstellung von der Wirklichkeit ist auf den Kopf gestellt worden. Statt als eine ungeheure Projektion unserer Vorstellungskraft zeigt sich Gott als das einzig Wirkliche, und das ganze Universum in seiner ganzen Ausdehnung und Festigkeit offenbart sich als eine Projektion des Wesens Gottes. In den westlichen Religionen war von Anfang an klar, dass Gott eine Art Präsenz besitzt, die im Hebräischen *Schechina* heißt. Die Schechina bildet die

Heiligenscheine der Engel und das freudige Leuchten auf den Gesichtern der Heiligen. Wenn Gott eine Präsenz hat, kann er erfahren werden. Dieser Punkt ist von enormer Bedeutung, weil Gott in jeder anderen Hinsicht unsichtbar und unfassbar ist. Wir personifizieren Gott, um ihn uns selbst ähnlicher zu machen. Doch wie könnten wir überhaupt auf irgendein wohlwollendes spirituelles Wesen vertrauen, nachdem im Namen der Religionen jahrtausendelang so unendlich viel Blut vergossen wurde? Wir brauchen ein Modell, das Teil der Religion ist, aber nicht ihren Einschränkungen unterliegt. Das folgende dreiteilige Schema passt im Grunde zu unserem landläufigen Gottesbild:

Gott
——————— ÜBERGANGSZONE ———————
Materielle Welt

Nur das mittlere Element unseres Schemas ist neu oder ungewohnt. Der Begriff »Übergangszone« weist auf eine Ebene hin, auf der sich Gott und Menschen begegnen können. Dies ist die Ebene der Wunder, der heiligen Visionen und Engelerscheinungen, der Erleuchtung und des Hörens der Stimme Gottes. Materialistische Argumente gegen Gott gewinnen ihre Kraft aus Tatsachen, doch sobald man tiefer als in die materielle Welt eintaucht, schwinden sie dahin. Juliana von Norwich lebte im England des vierzehnten Jahrhunderts. Sie fragte Gott unumwunden, warum er die Welt erschaffen habe, und empfing seine Antwort in einem ekstatischen Flüstern:

»Du willst in dem, was ich getan habe, die Absicht deines Herrn erkennen? So wisse wohl, dass Liebe seine Absicht war. Wer offenbart dir dies? Liebe. Was offenbarte er dir? Liebe. Warum offenbart er sie dir? Aus Liebe.«

Für Juliana war Gott das, was sie aß, was sie atmete, was sie, wie eine betörte Verliebte, in allem erblickte. Da sie das Göttliche liebte, wurde sie in kosmische Höhen erhoben, wo das gesamte Universum nur so groß war wie »ein kleines Ding, so groß wie eine Haselnuss, die auf meiner Hand liegt«.

Wenn Heilige vor Verzückung fast von Sinnen sind, empfinden wir ihre Äußerungen erstaunlich, aber auch gleichzeitig als verständlich. Obwohl wir uns an die Abwesenheit des Heiligen gewöhnt haben, erkennen wir an, dass nach wie vor Ausflüge in die Übergangszone, in jenen Gott nahen Bereich, stattfinden.

Meiner Ansicht nach unterscheiden sich Heilige und Mystiker nicht so sehr von anderen Menschen. Unserem Modell der Wirklichkeit zufolge ist die Übergangszone subjektiv erfahrbar: Hier kann Gottes Gegenwart empfunden oder gesehen werden. Und bei allem Subjektiven muss das Gehirn beteiligt sein – schließlich müssen Millionen von Neuronen gleichzeitig aktiv werden, damit wir überhaupt eine Erfahrung machen können.

Unsere Suche hat sich nun auf eine Art eingegrenzt, die vielversprechend ist. Wenn eine Reaktion des Gehirns nachweisbar ist, wird Gottes Gegenwart, sein Licht, real. Ich nenne das die »Reaktion auf Gott«. Religiöse Visionen und spirituelle Offenbarungen lassen sich sieben genau definierbaren Ereignissen im Gehirn zuordnen, aus denen verschiedene Glaubensformen entstehen. Sie reichen von unserer Welt in eine unsichtbare Sphäre, in der die Materie sich auflöst und der GEIST (spirit) in Erscheinung tritt:

1. **Die Kampf- oder Fluchtreaktion:** Diese Reaktion ermöglicht es uns, in Gefahren zu überleben. Sie ist mit einem Gott verknüpft, der uns schützen will. Wir wenden uns an ihn, weil wir überleben müssen.

2. **Die reaktive Reaktion:** Durch diese Reaktion erzeugt sich das Gehirn eine persönliche Identität. Hieraus entsteht ein neuer Gott, der über Macht verfügt und Gesetze aufstellt. Wir wen-

den uns diesem Gott zu, weil wir etwas erreichen wollen, weil wir Erfolg haben und andere übertrumpfen wollen.

3. Die Reaktion des gelassenen Gewahrseins: So reagiert das Gehirn, wenn es Frieden will. Dies entspricht einem Gott des Friedens. Wir wenden uns diesem Gott zu, um uns zu vergewissern, dass uns die äußere Welt mit ihrem endlosen Aufruhr nicht verschlingt.

4. Die intuitive Reaktion: Hier verlassen wir uns auf unsere innere Erkenntnis. Dieser Reaktion entspricht ein verständnisvoller, versöhnlicher Gott. Wir brauchen ihn, um uns zu bestätigen, dass unsere innere Welt gut ist.

5. Die kreative Reaktion: Das menschliche Gehirn kann neue Dinge erfinden und neue Tatsachen entdecken. Wir nennen das Inspiration. Ihr Spiegel ist ein Schöpfer, der die ganze Welt aus dem Nichts erschaffen hat. An ihn wenden wir uns aus unserem Staunen über die Schönheit und Vielfalt der Natur heraus.

6. Die visionäre Reaktion: Das Gehirn kann mit dem »Licht« Kontakt aufnehmen, jener Form reinen Gewahrseins, die Freude und Seligkeit mit sich bringt. Der dazu passende Gott zeichnet sich durch Erhabenheit aus. Wir brauchen diesen Gott, um zu erklären, warum Magie und die Alltagsrealität gleichzeitig existieren können.

7. **Die spirituelle Reaktion:** Das Gehirn ist aus einer einzigen befruchteten Zelle entstanden, aus einem winzigen Lebensfunken. Der entsprechende Gott ist reines Sein, er denkt nicht, er *ist* einfach. Wir brauchen ihn, denn ohne Ursprung entbehrt unser Dasein jeglicher Grundlage.

Diese sieben Reaktionen, die uns auf der langen Reise unserer Spezies alle sehr nützlich waren, bilden das unerschütterliche Fundament der Religion. Gott lässt sich nicht in eine Schublade stecken. Wir bedürfen einer großen Bandbreite an Vorstellungen, so groß wie die Bandbreite menschlicher Erfahrungen.
Zwischen Eltern und Kindern ereignet sich auf der tiefsten Ebene ein Geben und Nehmen. Auf ähnliche Weise scheint Gott aus unseren innersten Werten zu erwachsen. Entfernt man von einer Zwiebel alle Schalen, bleibt in der Mitte nichts. Entfernt man alle Schichten des menschlichen Daseins, findet man in der Mitte den Samen Gottes.

Ich glaube, Gott muss durch den Blick in den Spiegel erkannt werden.

Jedermanns Gehirn kann unzählige Gedanken produzieren – bei zehn Gedanken pro Minute würde ein einziges Gehirn über 14.000 Gedanken pro Tag, 5 Millionen Gedanken im Jahr und 350 Millionen Gedanken im Leben hervorbringen. Um unserer geistigen Gesundheit willen sind die allermeisten dieser Gedanken wie Echos nur Wiederholungen dessen, was wir bereits gedacht haben. Das Gehirn arbeitet bei der Erzeugung von Gedanken durchaus ökonomisch, indem es nur eine bestimmte Anzahl von Möglichkeiten nutzt. Physiker sagen gerne, das Universum sei nur eine »Quantensuppe«, die unsere Sinne in jedem Augenblick mit Milliarden von Daten bombardiert. Dieses wirbelnde Chaos muss auf eine überschaubare Anzahl heruntergebracht werden. Mit seinen sieben grundlegenden Reaktionen sorgt das Gehirn also nicht nur für geistige Gesundheit und Sinnhaftigkeit: Es organisiert eine ganze Welt. Herr über diese selbsterzeugte Welt ist ein Gott, der alles umfasst, aber auch zur Funktionsweise des Gehirns passen muss.

Wenn ein Mensch von *Gott* spricht, verweist er also auf die eine oder andere Weise auf eine spezifische Reaktion von dieser Liste:

Jeder Gott, der uns wie ein Vater oder eine Mutter schützt, entspricht der Kampf-oder-Flucht-Reaktion.

Jeder Gott, der einer Gesellschaft Regeln und Gesetze gibt, entstammt der reaktiven Reaktion.

Jeder Gott, der inneren Frieden bringt, entspricht der Reaktion des gelassenen Gewahrseins.

Jeder Gott, der Menschen ermutigt, ihr volles Potenzial auszuschöpfen, stammt aus der intuitiven Reaktion.

Jeder Gott, der uns inspiriert zu erforschen und zu entdecken, entspricht der kreativen Reaktion.

Jeder Gott, der Wunder vollbringt, entstammt der visionären Reaktion.

Jeder Gott, der uns zurück in die Einheit führt, entspricht der spirituellen Reaktion.

Meines Wissens kann das Gehirn kein göttliches Wesen erfassen, das nicht diesen sieben Reaktionen entspricht. Warum nicht? Weil Gott in die Wirklichkeit eingewoben ist und das Gehirn nur über diese beschränkten Möglichkeiten verfügt, die Wirklichkeit zu erkennen. Das mag so klingen, als würden wir das Mysterium aller Mysterien auf ein elektrisches Knistern im zerebralen Kortex reduzieren wollen – aber das tun wir nicht. Wir versuchen, die grundlegenden Tatsachen herauszufinden, die Gott möglich, wirklich und nützlich werden lassen.

Dieser Ansatz kommt vielen Menschen entgegen, die sich nach einem Gott sehnen, der in ihr Leben passt. Niemand kann Gott in unsere Alltagswelt bringen. Die eigentliche Frage muss lauten, ob er nicht vielleicht bereits unbemerkt da ist. Ich komme immer wieder auf die Übergangszone in unserem Wirklichkeitsmodell zurück. Nur wenn wir bereit sind, unseren Blick auf diesen Bereich zu richten, tritt Gott aus jenem schattenhaften Reich, von dem man nicht weiß, ob man sich darauf verlassen kann. Ist unser Gehirn für solch eine Unternehmung geeignet? Auf jeden Fall.

Lässt sich die Forderung nach Objektivität in Bezug auf Gott überhaupt wirklich erfüllen? Ein Physiker würde unser Schichtenmodell der Wirklichkeit mühelos anerkennen. Für die großen Quantendenker hat sich die materielle Welt schon seit Langem aufgelöst. Nachdem Einstein Zeit und Raum flüssig werden und ineinander verschmelzen ließ, war das traditionelle Weltbild nicht mehr aufrechtzuerhalten. Auch in der Physik besteht die Realität aus drei Schichten:

- die *materielle Wirklichkeit* der Objekte und Ereignisse;
- die *Quantenrealität*, eine Übergangszone, wo Energie zu Materie wird;

- die *virtuelle Realität* als jener Bereich jenseits von Zeit und Raum, aus dem das Universum hervorgeht.

Diese drei Ebenen entsprechen dem religiösen Weltbild, und das ist keineswegs ein Zufall. Die beiden Modelle müssen einander ähneln, weil sie beide dem menschlichen Gehirn entspringen. Wissenschaft und Religion widersprechen einander nicht, sondern sind nur sehr verschiedene Versuche, das Universum zu entziffern. Mystiker können in dieser Übergangszone Gott näher kommen. Während wir nur gelegentlich in Augenblicken großer Freude erleben, wie eine Welle von Seligkeit unsere Alltagswelt durchbricht, kennen sie das Geheimnis, wie sie dort sehr viel länger verweilen können. Sie beschreiben diese Erfahrung oft als zeitlos.

Doch vielleicht ist es auch uns möglich, dieses Aufblitzen der Ekstase zu verlängern und zu lernen, dieses merkwürdige neuartige Terrain zu erkunden. Denn das Heilige ist nicht nur ein Gefühl, es ist ein Ort. Das Problem ist nur, dass die materielle Welt uns immer wieder zu sich zurückzieht, sobald wir versuchen, dorthin zu gelangen.

Lassen Sie mich diese abstrakten Dinge etwas konkreter fassen. Jeder von uns hat schon einige der folgenden Erfahrungen erlebt:

Inmitten von Gefahr fühlen Sie sich plötzlich beschützt und behütet.

Wenn eine lange befürchtete persönliche Krise dann eintritt, fühlen Sie sich plötzlich ganz ruhig und gelassen.

Sie verspüren einem völlig Fremden gegenüber eine Welle der Liebe.

Sie schauen einem kleinen Kind in die Augen, und es scheint Ihnen einen Augenblick lang, als würde Sie eine alte Seele ansehen.

Wenn jemand in Ihrer Gegenwart stirbt, spüren Sie einen sanften Flügelschlag.

Sie schauen in den Himmel und spüren unendliche Weite.

In all diesen Erfahrungen hat Ihr Gehirn etwas Ungewöhnliches getan: Es reagierte auf Gott.

Könnten wir nur erkennen, dass Gottes kostbarste Geheimnisse – Ekstase, unendliche Liebe, Gnade und Mysterium – im menschlichen Schädel verborgen sind!

Um ein Fenster zu Gott zu finden, müssen Sie wissen, dass Ihr Gehirn in Regionen unterteilt ist, die von verschiedenen Impulsen beherrscht werden. Die neueren Bereiche stecken voll höherer Gedanken, Dichtkunst und Liebe. Die älteren Bereiche sind ursprünglicher, in ihnen herrschen primitivere Emotionen, Instinkte, Machtbewusstsein und Überlebenskampf vor.

In den älteren Bereichen ist jeder von uns ein Jäger. Der uralte Jäger in unserem Gehirn strebt jedoch nach größerer Beute – nach Gott selbst. Das Motiv ist nicht, zu kämpfen oder zu sterben, sondern jenes Quäntchen Freude und Wahrheit zu finden, das sich durch nichts in der Welt auslöschen lässt. Das Einzige, was wir nicht überleben können, ist Chaos. Wir haben uns entwickelt, um Gott zu finden.

Ihr Gehirn ist dafür gebaut, Gott zu finden. *Erst wenn das geschieht, erkennen Sie, wer Sie sind*. Die Sache hat allerdings einen Haken: Unser Gehirn führt uns nicht automatisch zu Höherem.

Es ist typisch für unsere Zeit, die Natur für zufällig und chaotisch zu halten. Doch weit gefehlt! Das Leben wirkt nur sinnlos, wenn sich alte Antworten, alte Weltsichten und alte Versionen von Gott verschlissen haben. Um Gott zurückzubringen, müssen wir neue, vielleicht zunächst merkwürdig erscheinende Wege gehen, wohin sie uns auch führen mögen. Ein weiser spiritueller Lehrer hat es einmal so ausgedrückt: »Die materielle Welt ist unendlich, aber es ist eine langweilige Unendlichkeit. Die wirklich interessante Unendlichkeit liegt jenseits davon.« Gott ist eine andere Bezeichnung für unendliche Intelligenz. Um irgendetwas im Leben zu erreichen, bedarf es des Kontakts mit einem Teil dieser Intelligenz. Mit anderen Worten: *Gott ist immer für Sie da.* Die sieben Reaktionen des menschlichen Gehirns entsprechen sieben verschiedenen Aspekten Gottes. Jede Stufe der Erfüllung beweist die Wirklichkeit Gottes *auf der jeweiligen Ebene.*

1. Ebene (Kampf-oder-Flucht-Reaktion)

Ihre Erfüllung liegt im Bereich von Familie, Gemeinschaft, Zugehörigkeit und materieller Behaglichkeit.

2. Ebene (reaktive Reaktion)

Ihre Erfüllung liegt im Bereich von Erfolg, Macht, Einfluss, Status und der Befriedigung anderer Ich-Bedürfnisse.

3. Ebene (Reaktion gelassenen Gewahrseins)

Ihre Erfüllung liegt im Bereich von Frieden, Zentriertheit, Selbstannahme und innerer Stille.

4. Ebene (intuitive Reaktion)

Ihre Erfüllung liegt im Bereich von Einsicht, Empathie, Toleranz und Vergebung.

5. Ebene (kreative Reaktion)

Ihre Erfüllung liegt im Bereich von Inspiration,

schöpferischem Wirken in Kunst oder Wissenschaft und grenzenloser Entdeckerfreude.

6. Ebene (visionäre Reaktion)
Ihre Erfüllung finden Sie durch Verehrung, Mitgefühl, Hingabe und universelle Liebe.

7. Ebene (spirituelle Reaktion)
Ihre Erfüllung finden Sie in Ganzheit und Einheit mit dem Göttlichen.

Es ist sehr wichtig, sich bewusst zu machen, dass Spiritualität ein ständiger Prozess ist. Sie ist weder ein Gefühl, noch lässt sie sich greifen oder messen. Ein schlagender Beweis für einen zugänglichen Bereich jenseits der materiellen Welt ist das Gebet. Vor über zwanzig Jahren wurden wissenschaftliche Versuche entwickelt, um herauszufinden, ob Gebete eine Wirkung haben. Wie sich herausstellte, erholten sich den Ergebnissen zufolge Patienten nach einer Operation fünfzig bis hundert Prozent besser, wenn für sie gebetet wurde.

Von all den Hinweisen, die Gott uns gegeben hat, ist der größte das Licht, die Schechina. Sie erlaubt uns, ein zutreffendes Bild des Göttlichen zu entwickeln. Das ist eine kühne Behauptung, aber sie wird von der Tatsache getragen, dass auch die Wissenschaft, die glaubwürdigste Religion der Moderne, die Schöpfung auf Licht zurückführt. Einstein und andere Pioniere der Quantenphysik haben im letzten Jahrhundert die Barrieren der materiellen Welt durchbrochen und eine neue Welt entdeckt, die sie so in Staunen versetzte, dass viele von ihnen mystische Erfahrungen hatten. Sie ahnten: Wenn das Licht seine Geheimnisse preisgäbe, könnte das Licht Gottes erkennbar werden.

Unser Sehvermögen dreht sich notwendigerweise um Licht. Dieselben Gehirnfunktionen, die es Ihnen ermöglichen, einen Baum als Baum zu sehen und nicht als einen geisterhaften Schwarm umherschwirrender Atome, lassen Sie auch Gott erfahren. Sie erfassen weit mehr als das, womit sich die organisierten Religionen beschäftigen. Wir können jeden Abschnitt der heiligen Schriften nehmen und mit Hilfe unseres Gehirns entschlüsseln. Die entsprechenden Gehirnfunktionen lassen uns die Wirklichkeit hinter den Schriften erkennen. Unser Gehirn folgt demselben Schema wie die sieben Ebenen unserer Erfahrungen:

1. Die Ebene von Gefahr, Bedrohung und Überleben

2. Die Ebene von Kampf, Konkurrenz und Macht

3. Die Ebene von Frieden, Ruhe und Besinnung

4. Die Ebene von Einsicht, Verständnis und Versöhnlichkeit

5. Die Ebene des Strebens, der Kreativität und des Entdeckens

6. Die Ebene der Verehrung, des Mitgefühls und der Liebe

7. Die Ebene grenzenloser Einheit

Jede Geschichte der Bibel (und aller anderen heiligen Schriften) lehrt etwas auf einer oder mehreren dieser Ebenen, und es hat immer mit Gott zu tun. Die Verbindung zwischen Gehirn und Gottheit ist das Instrument, mit dessen Hilfe die Welt sinnvoll erscheint.

Wenn Sie an einen strafenden, rachsüchtigen Gott glauben – der eindeutig der Kampf- oder Fluchtreaktion zuzuordnen ist – werden Sie die Wirklichkeit von Buddhas Nirvana-Lehren nicht erkennen können. Wenn Sie – der visionären Reaktion entsprechend – an den Gott der Liebe glauben, wie ihn Jesus sah, wird Ihnen die Wirklichkeit des griechischen Mythos, in dem der Urvater Saturn alle seine

Kinder verschlang, fremd sein. Jede Version Gottes ist teils Maske, teils Wirklichkeit. Das Unendliche kann sich immer nur teilweise offenbaren.

Die verblüffendste Folgerung aus unserem neuen Modell lautet: Gott ist so, wie wir sind. Das ganze Universum ist so, wie wir sind, weil es ohne den menschlichen Geist nur eine Quantensuppe aus Milliarden zufälliger Sinneseindrücke wäre. Dank unseres Geistes und unseres Gehirns können wir in diesem wirbelnden Kosmos die wichtigsten Dinge der Existenz erkennen: Form, Sinn, Schönheit, Wahrheit, Liebe. Dies sind die Wirklichkeiten, mit denen sich das Gehirn verbindet, wenn es sich auf Gott bezieht. Er ist so wirklich wie sie und genauso unfassbar.

Auf die Frage, weshalb wir überhaupt nach Gotteserkenntnis streben sollten, antworte ich ganz eigennützig: Ich will ein Schöpfer sein. Die höchste Verheißung der Spiritualität ist, zum Autor unserer eigenen Existenz zu werden, zum Urheber unseres persönlichen Schicksals. Unser Gehirn leistet uns unbewusst bereits diesen Dienst, denn auf der Quantenebene wählt es in jedem Augenblick eine ihm passend erscheinende Reaktion aus. Das Universum ist ein überwältigendes Chaos. Um einen Sinn zu ergeben, bedarf es der Interpretation. Es muss entschlüsselt werden.

Um Gott zu erkennen, müssen wir uns an dieser Entwicklung bewusst beteiligen – dafür haben wir unseren freien Willen. Im täglichen Leben treffen wir jeden Tag sehr viel banalere Entscheidungen, die wir für ungeheuer bedeutsam halten. In Wirklichkeit entscheiden wir in jedem Augenblick, wie wir die Welt sehen wollen. Wir haben sieben grundlegende Wahlmöglichkeiten:

Die Entscheidung der Angst, wenn wir ums Überleben kämpfen wollen.
Die Entscheidung der Macht, wenn wir konkurrieren und Erfolge haben wollen.
Die Entscheidung der Besonnenheit, wenn wir Frieden wollen.
Die Entscheidung, uns selbst zu erkennen, wenn wir Einsicht anstreben.
Die Entscheidung, schöpferisch zu wirken, wenn wir die Vorgänge der Natur entdecken wollen.
Die Entscheidung zu lieben, wenn wir uns selbst und andere heilen wollen.
Die Entscheidung zu sein, wenn wir die Unendlichkeit von Gottes Schöpfung würdigen wollen.

Dies ist keine Skala von schlecht bis gut. Sie können alle diese Entscheidungen treffen, sie sind uns sozusagen »eingebaut«. Doch bei vielen Menschen liegt ein Teil des Gehirns ungenutzt brach, und ihre Sicht des Spirituellen ist deshalb sehr eingeschränkt. Nicht umsonst sprechen wir von Gotteserkenntnis als einem *Erwachen*. Das Geheimnis der Gotteserkenntnis ist ein voll erwachtes Gehirn. Letztendlich ist die siebte Stufe jedoch das Ziel, wo wir die unendliche Schöpfung Gottes in reinem Sein genießen. Hier siegt die Gewissheit über jeden Zweifel. Wie einst die inspirierte französische Schriftstellerin Simone Weil über die spirituelle Suche schrieb: »Nur Gewissheit genügt. Weniger als Gewissheit ist Gottes nicht würdig.«

2

Das Geheimnis der Geheimnisse

Dies ist das Werk der Seele, das Gott das liebste ist.
— Die Wolke des Nichtwissens

Es gäbe kein Mysterium Gottes, wenn nicht die Welt selbst ein Mysterium wäre. Manche Wissenschaftler meinen, wir seien einer »Weltformel« (von den Physikern auch »Grand Unified Theory = GUT« genannt) näher denn je. Solch eine Weltformel soll den Anfang und das Ende der Zeit erklären. Gibt es darin noch Raum für Gott, oder wird der Schöpfer aus seiner eigenen Schöpfung hinausgeworfen?
Der Gedanke, Gott wäre dabei nirgends zu finden und all die Wunder der spirituellen Welt würden profan, liegt nahe.
Jahrhundertelang galt das Heilige als real, als Quelle höchster Macht. Was sehen wir heute stattdessen? Eine Gesellschaft, die alte Mythen plündert, um Städ-

te wie Las Vegas zu bauen. Wer dort Sehnsucht nach Mythen hat, geht in das Hotel-Casino »Excalibur«.

In einer entmythologisierten Welt fehlt uns etwas, aber wissen wir, was es ist? Niemand kann vor der Cheops-Pyramide stehen, ohne die Anwesenheit einer Macht zu spüren, die selbst den größten Wolkenkratzern abgeht. Seit Menschengedenken beschäftigen wir uns mit denselben Fragen: Habe ich eine Seele? Gibt es ein Leben nach dem Tod, und werde ich dort Gott begegnen? Die Große Pyramide ist eine in Stein gehauene Antwort: »Und jetzt wage zu behaupten, ich sei nicht unsterblich!«

Glücklicherweise gehören auch die gewöhnlichsten, solidesten Dinge – eine Muschel, ein Schlagloch mitten auf der Straße – zum Mysterium Gottes. Wer an die Existenz eines Steins glaubt, glaubt automatisch auch an Gott.

Die gewöhnliche Realität ist nur die oberste Schicht unseres Wirklichkeitsmodells. Die materielle Welt ist voll von vertrauten Dingen, die wir sehen, fühlen, berühren, schmecken und riechen können. Doch wenn der Maßstab kleiner wird, verlassen uns unsere Sinne. Theoretisch müsste die Verkleinerung irgendwo enden, denn kein Atom ist kleiner als ein Wasserstoffatom, das erste aus dem Urknall hervorgegangene Teilchen. Doch jenseits des Atoms ereignet sich eine faszinierende Verwandlung: Alles

Feste verschwindet. Atome bestehen aus schwingenden Energiepäckchen, die weder Masse noch Größe besitzen. Das lateinische Wort für Paket oder Päckchen ist *Quantum*. Dieser Begriff wurde gewählt, um eine einzelne Energieeinheit im Atom zu beschreiben, und es stellte sich heraus, dass damit auch eine völlig neue Ebene der Wirklichkeit einhergeht. Es ist seltsam genug, die eigene Hand zu heben und sich klar zu machen, dass sie auf einer tieferen Ebene nur aus unsichtbaren Schwingungen in leerem Raum besteht. Selbst auf der atomaren Ebene sind alle Dinge zu 99,9999 Prozent leerer Raum. In Proportion ist die Entfernung zwischen einem wirbelnden Elektron und seinem Atomkern größer als die Distanz zwischen Erde und Sonne. Aber man könnte dieses Elektron sowieso nie einfangen, da es auch aus Energieschwingungen besteht, die in jeder Sekunde millionenfach entstehen und vergehen. Das ganze Universum ist also nichts weiter als eine Quanten-Fata-Morgana, die in jeder Sekunde millionenfach erscheint und verschwindet. Auf der Quantenebene ist der ganze Kosmos ein unglaublich schnelles Blinklicht.

Diese Quantenblitze sind viel zu schnell, als dass wir sie bemerken könnten, deshalb scheinen die Dinge für unser Gehirn in Zeit und Raum Bestand zu haben.

Wir alle existieren als aufleuchtende Photonen, zwischen deren Lichtereignissen jedes Mal eine schwarze Leere herrscht – unser ganzer Körper, jeder unserer Gedanken und Wünsche, jedes Ereignis, an dem wir teilhaben, ist eine Art »Quanten-Lightshow«. Wer steckt hinter dieser unendlichen Schöpfung? Wer verfügt über die Geisteskraft oder Vision, das gesamte Universum in Bruchteilen von Sekunden verschwinden und wieder erscheinen zu lassen?

Die Kraft der Schöpfung – was auch immer sie sein mag – liegt selbst jenseits von Energie. Es ist eine Kraft, die aus Gaswolken Sterne und irgendwann sogar die DNA machen kann. In der Terminologie der Physik nennen wir dieses Vorstadium der Quantenwelt *virtuell*. Wenn man alle Energie hinter sich lässt, ist da nur noch Nichts, Leere. Sichtbares Licht wird zu virtuellem Licht; realer Raum wird zu virtuellem Raum; reale Zeit wird zu virtueller Zeit. Alle Eigenschaften verschwinden. Licht strahlt nicht mehr, Raum erstreckt sich über keine Entfernungen, und Zeit ist ewig. Es ist der Mutterleib der Schöpfung, unendlich dynamisch und lebendig. Worte wie *leer*, *dunkel* und *kalt* treffen nicht zu. Diese virtuelle Ebene ist so unbegreiflich, dass nur religiöse Begriffe überhaupt an sie heranzureichen vermögen.

Die Physik tut sich schwer mit diesem Zustand vor Zeit und Raum. Dasselbe gilt für landläufig verbreitete Vorstellungen. Viele mag es überraschen, dass das bekannte Bild von Gott als weiß gewandetem, väterlichem Patriarchen auf einem Thron selbst in den jüdischen Schriften kaum vorkommt. Es taucht genau genommen nur ein Mal auf, im Buch Daniel, wohingegen in den Büchern Mose Gott mehrfach als formlos und ohne Gestalt beschrieben wird.

Die beste Arbeitshypothese über die Schöpfung lautet wie folgt: Vor dem Urknall war der Raum unbegrenzt ausgedehnt wie ein Akkordeon mit unzähligen Falten oder Dimensionen, während die Zeit in Samenform existierte, eine ewige Präsenz ohne Ereignisse und daher ohne Notwendigkeit von Vergangenheit, Gegenwart oder Zukunft. Dieser Zustand war in gewisser Hinsicht gänzlich leer und gleichzeitig überaus erfüllt. Er enthielt nichts, was wir irgendwie wahrnehmen könnten, und doch das Potenzial von allem. Wie vedische Visionäre erklärten, gab es weder Existenz noch Nichtexistenz, da diese Begriffe nur auf Dinge anwendbar sind, die einen Anfang, eine Mitte und ein Ende haben. Physiker bezeichnen diesen Zustand oft als *Singularität*: Raum, Zeit und das gesamte materielle Universum waren in einem einzigen Punkt enthalten.

Selbst wenn wir uns nun vorstellen können, dass sich der gesamte Kosmos in einem gleißend hellen Lichtblitz aus diesem einen Punkt herauskatapultierte, müssen wir noch einen Schritt weiter gehen. *Denn da der Vorschöpfungs-Zustand keine Zeitdimension hat, ist er immer noch da.* Im virtuellen Bereich hat der Urknall nie stattgefunden, und doch haben paradoxerweise alle Urknalle stattgefunden: Egal wie oft sich das Universum über Milliarden Lichtjahre hinweg ausdehnt, nur um in sich selbst zurückzustürzen und sich wieder ins Nichts zu verflüchtigen – auf der virtuellen Ebene verändert sich nichts. Hier kommt die Physik der religiösen Vorstellung eines omnipotenten, allgegenwärtigen und allwissenden Gottes sehr nahe. *Omni* bedeutet »alles«, und so wird der virtuelle Zustand, da er keinerlei Grenzen kennt, auch passenderweise als »Alles« bezeichnet. In Indien nennen es die Seher auch einfach »Das«, auf Sanskrit *tat*. Im Augenblick der Erleuchtung übersteigt die Wahrnehmung die fünf Sinne, und als einzige Wahrheit bleibt: »Ich bin Das, du bist Das, und alles ist Das.« Damit soll kein Rätsel aufgegeben werden, es bedeutet einfach nur, dass hinter dem Schleier der Schöpfung stets der alles umfassende Vorschöpfungszustand existiert.

Ein befreundeter Physiker meinte einmal: »Du musst dir klar machen, Deepak, die Zeit ist nur ein kosmisches Hilfsmittel, das verhindert, dass alles auf einmal geschieht. Auf der materiellen Ebene brauchen wir dieses Hilfsmittel, aber auf den tieferen

Ebenen nicht. Wenn du dich in deinem virtuellen Zustand sehen könntest, würden all das Chaos und die wirbelnden Galaxien einen Sinn ergeben. Der gesamte Kosmos hat sich verschworen, um dich und mich, wie wir in dieser Sekunde hier sitzen, zu erschaffen.«

Nichts ist faszinierender als zu beobachten, wie sich die Grenzen zwischen Wissenschaften und Spiritualität auflösen. Wunder weisen uns darauf hin, dass die Wirklichkeit nicht mit der materiellen Ebene anfängt und endet.

Im Thomas-Evangelium beschreibt Jesus es als seine Lebensaufgabe, die Jünger von der Herrschaft der völlig auf Raum und Zeit begrenzten fünf Sinne zu lösen:

»Ich werde euch geben, was kein Auge gesehen und kein Ohr gehört und keine Hand berührt hat und was dem menschlichen Geist niemals in den Sinn gekommen ist.«

Wo Quanten und Wunder miteinander verschwimmen, beginnt eine einzige Wirklichkeit zu erscheinen. Eine berühmte Bemerkung von Einstein sagt es so: »Ich möchte wissen, wie Gott denkt, alles andere sind Details.« Weil Einstein ein außergewöhnlicher Visionär war, hoffe ich, dass er das folgende Modell über Gottes Denkprozess als Ansatz akzeptieren würde:

Virtueller Bereich = das Feld des
GEISTES (spirit)
Quantenbereich = das Feld des
Geistes (mind)
Materielle Wirklichkeit = das Feld
der physischen Existenz

Mit diesen Begriffen lässt sich ein Geheimnis nach dem anderen aufklären.

Der Strom der Wirklichkeit ist wundersam, weil unsichtbare Leere vollkommen mühelos in das strahlende Orange eines Schmetterlingsflügels oder die schwere Festigkeit eines Berges transformiert wird.

Eine echte Weltformel würde uns in der Kunst unterweisen, auf allen drei Ebenen der Wirklichkeit mit gleicher Kraft und Sicherheit zu leben. Das ist es, wonach Heilige streben; das ist die wahre Bedeutung von Erleuchtung.

Der Glaube an Gott ist eine Möglichkeit, die Kommunikationswege über das Materielle hinaus zu ebnen. Gebete und Hoffnung tun das auch. Wenn es je eine Wissenschaft der Wunder gäbe, müsste sie bei dem Unbegreiflichen des GEISTES anfangen.

Wieder schaue ich auf die Große Pyramide von Gizeh. Diesmal erkenne ich mehrere Gedankenwelten. Die erste ist reine spirituelle Kühnheit, Menschen, die nach mehr als Menschlichem streben.

Die andere Vorstellung zeigt die Pyramiden als Wunder. Heilige Stätten führen uns vor Augen, dass wir wundersame Wesen sind, die wundervolle Werke vollbringen sollten. Das wird dort immer noch sichtbar.

Das Wahrzeichen des Kennedy Space Centers ist das Vertical Assembly Building; diese vertikale Montagehalle ist hoch genug, eine Saturn V Mondrakete halten zu können. Ihre Ausmaße sind überwältigend. Wenn die alten Mythen verblassen, bringt unsere Seele neue hervor. Wir sehnen uns danach, uns selbst wieder als heilig zu erkennen. Sind wir es? Wenn sich unsere Hände ausstrecken, um Gott zu berühren, spüren wir auf den tiefsten Ebenen des Quantenreichs das Göttliche und gleichzeitig uns selbst.

3

SIEBEN STUFEN DER GOTTESERFAHRUNG

Wenn du Gott nicht gleich wirst, kannst du Gott nicht erkennen.
— Unbekannter Häretiker, 3. Jh.

Jetzt sind wir bereit, die einfachste, aber tiefgründigste Frage zu beantworten: Wer ist Gott? Vermutlich hinterlässt Gott in der materiellen Welt keine Fingerabdrücke.
Das lässt uns keine andere Wahl als einen Ersatz für die Unendlichkeit zu finden, in dem noch etwas von Gott enthalten ist. Das Buch Genesis erklärt, dass Gott Adam nach seinem Bilde erschuf. Wir haben diesen Gefallen praktisch von Anfang an erwidert, indem wir Gott wieder und wieder nach unserem Bilde erschufen. Das gleiche »Ich«, das einem Menschen ein Gefühl von über den physischen Körper hinausgehender Identität verleiht, dehnt sich aus,

um die gesamte Natur, das Universum und letztlich den reinen GEIST zu erfassen.

Für jeden, der Gott als das Selbst verehrt, ist es offensichtlich, dass wir nicht allein sind. Dieses »Selbst« ist kein persönliches Ego, sondern eine alles durchdringende Präsenz, der nichts und niemand entgeht.

Der Gott jeder Religion ist immer nur ein Fragment Gottes. Es gibt sieben Versionen Gottes, die sich mit den institutionalisierten Religionen assoziieren lassen:

1. Stufe: Gott, der Beschützer
2. Stufe: Gott, der Allmächtige
3. Stufe: Gott des Friedens
4. Stufe: Gott, der Erlöser
5. Stufe: Gott, der Schöpfer
6. Stufe: Gott der Wunder
7. Stufe: Gott des reinen Seins – »Ich bin«

Jede Stufe entspricht einem bestimmten menschlichen Bedürfnis. Angesichts der überwältigenden Kräfte der Natur brauchten die Menschen zunächst einen Gott, der sie vor Unheil beschützte. Wenn sie spürten, dass sie ein Gesetz verletzt oder etwas Falsches getan hatten, wandten sich die Menschen an einen Gott, der sie richtete und ihre Sünden vergab. So entwickelten sich die Menschen aus reinem Selbstinteresse Gott nach ihrem Bilde immer weiter – bis zum heutigen Tage.

Wir wollen hier keine Religionen vergleichen. Keine Stufe kann die absolute Wahrheit für sich beanspruchen. Doch jede führt zu einer anderen Beziehung. In dem Prozess von Stufe eins bis sieben wird die Kluft zwischen Gott und seinen Verehrern immer schmaler und schließt sich schließlich. Von daher können wir sagen, dass wir Gott nicht nur aus Eitelkeit immer weiter nach unserem Bilde erschaffen; wir wollen ihn vielmehr heimholen, mit ihm vertraut werden.

Wenn wir uns selbst nicht im Spiegel erkennen können, werden wir auch nie Gott dort sehen. Betrachten Sie nochmals die Liste, und Sie werden merken, wie sich Gott in Bezug auf sehr menschliche Situationen verändert:

Für all jene, die sich in Gefahr wähnen, ist Gott Beschützer.
Für jene, die nach Macht streben oder sich ohnmächtig fühlen, ist Gott allmächtig.
Wer in seiner inneren Welt Frieden gefunden hat, sieht Gott als Friedensbringer.
Jenen, die sich bewusst sind, gesündigt zu haben, wird Gott zum Erlöser.

Angesichts der Wunder der Welt erkennen wir Gott als Schöpfer.

Wenn die Gesetze der Natur plötzlich aufgehoben scheinen und ein Wunder geschieht, sehen wir darin Gottes Wirken.

Und für jene, die ihr Sein als ekstatisch und rein erleben, ist Gott die Existenz selbst, das »Ich bin«.

Es geht nicht darum, wie viele Arten von Gott existieren, sondern wie unsere Bedürfnisse spirituell erfüllt werden. Wenn jemand fragt: »Gibt es wirklich einen Gott?« ist es nur allzu berechtigt zu fragen: »Wer stellt diese Frage?« Der Beobachter ist mit dem Beobachteten aufs Innigste verbunden. Von der virtuellen Ebene her, die unser Ursprung ist, strömen die Qualitäten des GEISTES zu uns in die materielle Welt. Auf der materiellen Ebene ist unser Gehirn unsere einzige Möglichkeit, die Wirklichkeit wahrzunehmen. Wir filtern den GEIST durch unsere Biologie.

Jede der sieben Reaktionsmöglichkeiten entspricht auf natürliche Weise unserem menschlichen Nervensystem, und wir sind alle von Geburt an fähig, ihre gesamte Bandbreite zu erfahren.

Dies sind medizinisch gut dokumentierte Tatsachen, aber ich würde gerne noch einen Schritt weiter gehen. Ich behaupte: Das Gehirn reagiert in jeder Phase des spirituellen Lebens auf besondere Weise. In Bezug auf die höheren Stufen inneren Wachstums ist die wissenschaftliche Forschung unvollständig, wir wissen jedoch, dass der Körper dem GEIST folgt. Es gibt Geistheilungen, für die es keine medizinische Erklärung gibt. In jeder Religion gab es Heilige, die mit sehr wenig oder ohne Nahrung lebten. Und es gab Gottesvisionen, deren Weisheiten Millionen von Menschen bewegten.

Wir können jede biologische Reaktion einem bestimmten Selbstbild zuordnen:

Reaktion	Identitätsbasis
Kampf- oder Flucht-Reaktion	Körper und Umwelt
Reaktive Reaktion	Das Ich und die Persönlichkeit
Reaktion gelassenen Gewahrseins	Der stille Zeuge
Intuitive Reaktion	Der innerlich Wissende
Kreative Reaktion	Der Mitschöpfer Gottes
Visionäre Reaktion	Erleuchtung
Spirituelle Reaktion	Der Ursprung von Allem

Auf der rechten Seite sehen Sie eine klare Abfolge der menschlichen Entwicklungsstufen. Vollkommenes inneres Wachstum stellt zweifellos eine enorme Herausforderung dar. Wenn Sie frustriert im Stau stecken und vor Wut kochen, haben höhere Gedanken keine Chance.

Wir meinen, die höheren Reaktionsmuster seien spiritueller, aber das Gehirn reagiert immer auf der höchstmöglichen Ebene. Das tiefere Geheimnis beruht auf unserer Fähigkeit, uns von Wesen mit tierischen Instinkten zu Heiligen aufzuschwingen. Ist das jedem möglich, oder sind nur die wenigsten Menschen dazu begabt? Diese Frage können wir nur beantworten, wenn wir prüfen, was jede Stufe bedeutet und wie ein Mensch diese Leiter inneren Wachstums erklimmen kann.

Trotz der enormen Flexibilität unseres Nervensystems fallen wir in Gewohnheiten und wiederholte Verhaltensmuster zurück, weil wir uns auf alte Prägungen verlassen. Für unseren Glauben trifft das ganz besonders zu. In jeder Religion gibt es den gleichen Ausdruck von Furcht, wenn Menschen davon überzeugt sind, dass die Welt voller Gefahren, Bedrohungen und Sünden ist. Und jede Religion enthält Merkmale der Liebe, wenn die Welt als reich, liebevoll und fürsorglich empfunden wird. Es ist alles Projektion.

Es ist ein Wunder, dass unser Nervensystem auf all diesen Ebenen funktioniert. Wir bewegen uns nicht nur durch sie hindurch, wir erforschen sie, verschmelzen sie und erschaffen neue Welten um uns herum. Wer nicht begreift, dass er multidimensional ist, dem läuft das gesamte Verständnis Gottes aus dem Ruder. Wie ein sich entwickelndes, aufwachsendes Kind müssen wir uns zu einer vollständigeren Vision Gottes hinbewegen, bis der Tag kommt, an dem wir wie Gott das Ganze sehen können.

Vielleicht ist auch die Wirklichkeit selbst nur ein Symbol für das Wirken Gottes. Der in der gesamten alten und heidnischen Welt verbreitete »primitive« Glaube, dass Gott in jedem Grashalm, in jedem Geschöpf, selbst in Himmel und Erde verkörpert ist, könnte die höchste Wahrheit enthalten. Diese Wahrheit zu erkennen ist das Ziel spirituellen Lebens, und jede Ebene Gottes bringt uns jenem Ziel vollkommener Klarheit und unerschütterlichen Friedens näher.

ERSTE STUFE:
GOTT, DER BESCHÜTZER
(Kampf- oder Flucht-Reaktion)

In der Neurologie wird das Gehirn in einen älteren und einen neueren Bereich aufgeteilt. Das neuere

Gehirn ist das, worauf wir stolz sind. Wenn Sie einen vernünftigen Gedanken fassen, verdanken Sie ihn der Aktivität dieses Bereichs der grauen Materie, vor allem der Großhirnrinde. Aber auch der ältere Teil des Gehirns verlangt sein Recht. Er steuert uns in unserem Kampf ums Überleben und ist bereit zu töten, wenn es unser Schutz erfordert.

Das ältere Gehirn spiegelt sich in einem Gott, der primitiv und unversöhnlich wirkt. Er weiß um seine Feinde und kennt kein Vergeben oder Vergessen.

Der Gott dieser ersten Stufe ist äußerst gefährlich. Er bedient sich der Naturgewalten, um selbst seine liebsten Kinder durch Unwetter, Fluten, Erdbeben und Krankheiten zu strafen. Trotz seines furchterregenden Zorns war dieser schützende Gott für das Leben so notwendig wie es ein Vater für die Familie ist.

Das ältere Gehirn funktioniert nicht logisch. Mit seinen Impulsen setzt es die Logik außer Kraft, fördert heftige Emotionen, unmittelbare Reflexe und wittert hinter jeder Ecke Gefahren. Seine bevorzugte Reaktion besteht darin, verteidigend um sich zu schlagen. Deshalb ist die Kampf- oder Flucht-Reaktion sein wichtigster Auslöser.

In Krisen erleben wir alle ein tiefes Gefühl von physischer Bedrohung. Der Verlust einer Arbeitsstelle kann sich absolut existentiell anfühlen. In Scheidungsprozessen bekämpfen sich die Partner manchmal so, als wäre der andere ihr Todfeind. Die Tatsache, dass der beschützende Gott so langlebig ist, zeigt den enormen Einfluss, den das ältere Gehirn immer noch auf uns hat.

Der Gott dieser Stufe hat die Aufgabe, uns zu beschützen; deshalb versagt er, wenn die Schwachen Krankheiten, Tragödien oder Gewalt zum Opfer fallen, und gilt als erfolgreich, wenn wir der Gefahr entrinnen und die Krise überleben. Im Siegestaumel betrachten sich seine Anhänger als auserwählt. Sie triumphieren über ihre Feinde und fühlen sich (für eine Weile) wieder sicher, weil der Himmel auf ihrer Seite ist.

Die Vernunft sagt uns, Aggressionen ziehen Vergeltung nach sich. Die tragische Geschichte der Kriege lehrt uns das ohne Zweifel. Doch zwischen dem neueren Gehirn mit der Fähigkeit, zu reflektieren, zu beobachten und über das reine Überleben hinaus zu sehen, und dem älteren Gehirn mit seiner Bereitschaft, erst zu kämpfen – oder zu fliehen – und dann Fragen zu stellen, steht eine Mauer.

Wer bin ich?
Jemand, der überlebt.

Auf jeder Stufe zieht die grundlegende Frage »Wer ist Gott?« sofort andere Fragen nach sich. Die erste von diesen lautet: »Wer bin ich?« Auf der ersten Stufe beruht unsere Identität auf unserem physischen Körper und der Umwelt. Unsere Hauptsorge gilt hier dem Überleben.

Als sich die frühesten Verfasser der Heiligen Schrift fragten »Wer bin ich?«, wussten sie um ihre von Krankheiten und Hunger bedrohte Sterblichkeit. Dies musste einen Grund haben, und so war ihre Beziehung zu Gott von Begriffen der Sünde, des Ungehorsams und der Unwissenheit geprägt. Doch Gott blieb anwesend – er wacht über Adam und Eva, trotz des Fluchs, den er über sie verhängte, und nach einer Weile findet er in ihrem Nachkommen Noah genug Tugend, um ihn vor dem Todesurteil zu bewahren.

Statt den Gott dieser ersten Stufe zu verurteilen, sollten wir erkennen, wie realistisch er ist. Für viele Menschen ist das Leben unglaublich schwer, und sie erlitten in ihren Familien tiefe seelische Wunden. Der Gott der ersten Stufe salbt diese Wunden und lässt uns glauben, dass wir überleben werden. Gleichzeitig stärkt er unsere Bedürftigkeit. Solange wir einen Beschützer brauchen, klammern wir uns an die Rolle von Kindern.

Was ist gut und was ist böse?
Gut ist Sicherheit, Geborgenheit, Nahrung,
Schutz und Familie. Böse ist körperliche
Bedrohung und Verlassenheit.

Viele Menschen sehnen sich nach einer absolu-
ten Norm von Gut und Böse, vor allem in Zeiten
fortschreitenden Werteverfalls. Auf der ersten Stufe
scheinen Gut und Böse sehr klar. Gut bedeutet
Sicherheit, böse bedeutet Gefahr. Aber ist das Bild
wirklich so eindeutig?
Sozialarbeiter wissen, dass misshandelten Kindern
seltsamerweise viel daran liegt, ihre Eltern zu verteidigen. Wenn sie das Kind aus der misshandelnden
Umgebung herausholen wollen, fürchtet es zutiefst,
seine Quelle von Liebe zu verlieren. Das ältere Gehirn hat ein überwältigendes Bedürfnis nach Sicherheit. Dies ist auch der Grund, weshalb so viele miss-
handelte Ehefrauen ihre Männer verteidigen und zu
ihnen zurückkehren. Gut und Böse sind hier hoff-
nungslos miteinander verstrickt.
Der Gott der ersten Stufe ist genauso ambivalent.
Selbst wenn er als gütiger Vater verehrt wird, der
uns niemals Schuld auferlegte, geht seine Güte
doch mit dem Makel des Leidens einher. Ein lie-
bevoller, großzügiger Vater gilt nur solange als gut,
wie er keines seiner Kinder quält. Jeder, der sich als

Kind Gottes betrachtet, muss sich mit diesem Problem auseinandersetzen. Sehr häufig wird es jedoch verdrängt.

Wie finde ich Gott?
Durch Furcht und liebende Hingabe.

Wenn Gott auf der ersten Stufe ambivalent ist, wenn er mit der einen Hand nährt und mit der anderen Hand straft, dann kann er nicht nur auf eine Weise erkannt werden. Dann spielen sowohl Liebe als auch Angst eine Rolle.

Es erfordert große Reife, bevor man mit Ambivalenz und einem ständigen Ineinanderfließen von Dunkel und Licht, Liebe und Hass leben kann. Auf der ersten Stufe findet dies noch nicht statt.

Manche Kinder versuchen, sich ihre Unschuld zu bewahren, indem sie das Gegenteil verdrängen; sie werden zu Idealisten und neigen zu Wunschdenken. Wenn sich irgendetwas »Negatives« ereignet, leugnen sie es vehement und bleiben ängstlich, bis alles wieder »positiv« wirkt.

Andere Kinder schlagen sich auf eine Seite und schreiben alle angsterregenden Qualitäten dem bösen Elternteil zu, während das andere Elternteil immer als gut empfunden wird.

Diese Einteilung in gutes Elternteil – böses Elternteil findet im Kampf zwischen Gott und Satan seine kosmische Entsprechung. Die Geschichte wirkt sehr viel überschaubarer, wenn die beiden getrennt sind, so wie es für ein Kind einfacher wirkt, wenn es einen Elternteil für gut und den anderen für böse erklärt. Die andere Bewältigungsstrategie, in der das Negative geleugnet und immer zum Positiven gestrebt wird, ist in den Religionen ebenso verbreitet. Man muss sehr viel Unrecht und Leiden übersehen, wenn man Gott ausschließlich als gütig betrachtet, aber sehr vielen Menschen gelingt dies trotzdem. Die Interpretation hängt mit dem Bewusstsein zusammen: Dinge, derer man sich nicht bewusst ist, existieren nicht. Im religiösen Sinne gilt die Gottheit als »vollkommen« (das heißt, Gott ist immer im Recht), und jene, die Gott straft, müssen im Unrecht sein. Auf der ersten Stufe muss Gott recht haben. Anderenfalls wäre die Welt ein zu gefährlicher Ort.

Worin besteht die Herausforderung meines Lebens?
Zu überleben, zu schützen und zu erhalten.

Jede Stufe Gottes geht mit der Bewältigung von Herausforderungen einher, die auch als höchstes Streben bezeichnet werden kann. Inmitten von Gefahren ist Überleben ein hohes Ziel. Doch selbst in den schlimmsten Situationen strebt der Mensch nach mehr als nur danach, die jeweilige Lage zu bewältigen.

Man könnte annehmen, der nächste Schritt sei die Flucht. Auf der ersten Stufe steht dem jedoch das Wirklichkeitsprinzip im Weg. Ein Kind kann seiner Familie nicht entkommen, genauso wie Hungernde nicht der Dürre entfliehen können. Der menschliche Verstand versucht daher, Gott zu imitieren, und da Gott als Beschützer angesehen wird, versuchen wir, das zu schützen, was uns am kostbarsten ist. In diesem Sinne ist die erste Stufe die sozialste der sieben Welten, mit denen wir uns befassen werden. Hier lernen wir Verantwortung und Fürsorge.

Worin liegt meine größte Stärke?
Mut.

Was ist mein größtes Hindernis?
Angst vor Verlust und Verlassenheit.

Es ist nicht schwer zu erkennen, dass man Mut braucht, um unter widrigen Bedingungen zu überleben. Anhänger eines furchterregenden Gottes können erst dann auf eine höhere Stufe kommen, wenn sie sagen: »Ich bin es leid, Angst zu haben. Du bist nicht mein Gott, wenn ich mich vor deinem Zorn verbergen muss.«

Wie die institutionalisierten Religionen zeigen, ist es möglich, sehr lange mit einem zornigen, eifersüchtigen, ungerechten Gott zu leben. Letztlich müssen wir lernen, mit der Ambivalenz zu leben. Es ist eine psychologische Frage: Wie viel Angst sind Sie bereit hinzunehmen? Wenn dieses Hindernis überwunden wurde, wenn einem die persönliche Integrität wichtiger ist als die Akzeptanz des Systems, beginnt eine neue Stufe. Der innere Kampf, bei dem eine Stimme nach Rebellion schreit und die andere mit Strafen droht, wenn die Regeln überschritten werden, ist das Grundthema der ersten Stufe.

Die zentrale Frage lautet hier: *Warum musste Gott so eine furchterregende Welt erschaffen?* Die Antwort liegt nicht in Gott, sondern darin, wie wir ihn interpretieren. Um der ersten Stufe zu entkommen, müssen wir alle angesprochenen Themen neu deuten – Wer ist Gott? Welche Art von Welt hat er erschaffen? Wer bin ich? Wie passe ich dazu? Auf der zweiten Stufe ist das grundlegende Problem des Überlebens überwunden. Es gibt viel weniger Anlass zu Angst, und zum ersten Mal zeigt sich der Einfluss des neueren Gehirnteils. Doch genauso wie der Hirnstamm immer noch tief im Schädel sitzt und nicht durch das Großhirn oder höheres Denken ersetzt wurde, ist auch der Gott der ersten Stufe ein dauerhaftes Erbe, dem sich jeder Mensch stellen muss, damit inneres Wachstum stattfinden kann.

ZWEITE STUFE:
GOTT, DER ALLMÄCHTIGE
(Reaktive Reaktion)

Ging es in der ersten Stufe ums Überleben, so geht es in der zweiten Stufe um Macht. Zweifellos verfügt Gott über alle Macht, und er hütet sie eifersüchtig. Am Anfang des wissenschaftlichen Zeitalters, als die Geheimnisse der Elektrizität und der Elemente entdeckt wurden, hielten es viele Menschen für gotteslästerlich, Gott allzu genau in die Karten zu schauen. Die Macht stand ihm rechtmäßig zu. Wir hatten zu gehorchen – was absolut Sinn macht, wenn das Ziel des Lebens darin besteht, in den Himmel zu kommen. Würden Sie Ihr Seelenheil aufs Spiel setzen, nur um zu wissen, wie ein Blitz funktioniert?
Freud wies jedoch darauf hin, dass Macht unwiderstehlich ist. Der von Machtstreben geprägte Gott ist gefährlich, aber er ist zivilisierter als der Gott der ersten Stufe.
Er wird von Menschen verehrt, die eine stabile Gesellschaft gebildet haben, und diese verlangt Gesetze und Regierungen. Der Allmächtige ist nicht so

willkürlich wie sein Vorgänger. Er verhängt zwar immer noch Strafen, aber es ist jetzt verständlicher, warum – der Übeltäter hat ein Gesetz missachtet, er wusste vorher, dass er das nicht tun durfte. Die Gerechtigkeit wird nachvollziehbarer. Die Könige und Richter, die sich von Gott ermächtigt fühlen, üben ihr Amt mit einem Gefühl der Berechtigung aus. Sie verdienen ihre Macht – oder behaupten es zumindest.

Das Drama der Macht beruht auf der reaktiven Reaktion, einem biologischen Bedürfnis, Ich-Bedürfnisse zu befriedigen. Entwicklungspsychologische Studien an Kleinkindern zufolge wird eine persönliche Identität nicht einfach durch Lernprozesse erworben. Praktisch vom Augenblick der Geburt an sind manche Säuglinge extrovertiert, fordernd, mutig und neugierig auf ihre Umgebung und andere eher introvertiert, ruhig, nicht fordernd und scheu. Diese Charaktermerkmale verstärken sich dann im Laufe der Kindheit und bleiben ein Leben lang erhalten. Die Ich-Reaktion ist uns also angeboren.

Die Maxime der reaktiven Reaktion lautet: »Ich will mehr.« Wenn sie zu weit getrieben wird, mündet sie in Korruption, da ein unersättlicher Appetit irgendwann mit den Wünschen anderer Menschen kollidieren muss.

In den Mythologien der Welt gibt es keine selbstlosen Götter. Das erste Gebot, das Moses erhielt, lautete: »Du sollst keine anderen Götter neben mir haben.« Im Alten Testament überlebt Jehova alle seine Konkurrenten. Aber in anderen Systemen, dem griechischen oder dem hinduistischen zum Beispiel, wird ständig um die Macht gerungen. Der jüdische Gott eines kleinen, vielfach eroberten Volkes, von dessen zwölf Stämmen zehn vom Erdboden verschwunden sind, hat einen überraschenden Sieg errungen. Die Hebräer schafften es offenbar, trotz ihrer Unterdrückung einen unerschütterlichen Gott zu projizieren, einen allmächtigen Richter, der selbst den mächtigsten Herrschern mit Vergeltung droht, sollten diese zu weit gehen.

Welche Rolle spiele ich?
Ich gewinne.

Die Themen der zweiten Stufe lassen sich in dem Satz zusammenfassen: »Gewinnen ist göttlich.« Der Allmächtige schätzt Leistung. Die protestantische Arbeitsethik hat sich diese Wertschätzung zum Dogma gemacht: Wer am härtesten arbeitet, wird am meisten belohnt werden. Aber entstand diese Überzeugung wirklich aus spiritueller Einsicht, oder haben die Menschen einer Welt, die ihnen viel

Arbeit abverlangte, nachträglich den Stempel von Gottes Einverständnis aufgedrückt?

Es gibt in der Bibel reichlich Hinweise darauf, dass Arbeit, Wettstreit und Erfolg Gottes Wohlwollen finden. Keiner der Könige Israels wurde dafür bestraft, weil er in den Krieg zog. Vielmehr wären die meisten im Alten Testament erwähnten Siege ohne Gottes Wunder oder Segen gar nicht möglich gewesen.

Andererseits tritt Jesus entschieden gegen Krieg und allgemein auch gegen Arbeit ein. Die Bergpredigt ermutigt die Menschen, Gott die Sorge um alle irdischen Bedürfnisse zu überlassen:

>»Ihr sollt euch nicht Schätze ansammeln auf Erden, wo sie die Motten und der Rost fressen und wo die Diebe nachgraben und stehlen. Sammelt euch aber Schätze im Himmel.«

Diese Rede war verstörend. Sie untergrub zunächst die Macht der Reichen. Doch selbst wenn man diese Dinge nicht wörtlich nimmt – die Gesellschaft hat unzählige Wege gefunden, Gott und dem Geld gleichzeitig zu dienen – setzt Jesus Macht nicht mit Leistung, Arbeit, Planung, Sparen oder Ansammeln gleich. All das ist notwendig, um Reichtum aufzubauen, Kriege anzuzetteln oder die Starken von den Schwachen zu trennen. Jesus wollte diese Ziele nicht fördern, daher seine Ablehnung der Macht. Er wollte, dass sich die menschlichen Wölfe zu den Lämmern legen.

Wie finde ich Gott?
Durch Ehrfurcht und Gehorsam.

Die zweite Stufe ist weit weniger von Gottesfurcht geprägt als die erste, aber die der Furcht immer noch nahe verwandte Ehrfurcht ist hier sehr präsent. Dieser neue Gott straft gemäß seinen Regeln. Die meisten seiner Regeln erscheinen im Großen und Ganzen sinnvoll. Jede Gesellschaft lehnt Mord, Diebstahl, Lügen und das Verlangen nach dem Besitz anderer ab. Solange die Gottheit Ehrfurcht weckt, bleibt den Gläubigen nur blinder Gehorsam. Jede Stufe Gottes enthält verborgene Fragen und Zweifel. In diesem Fall lautet die verborgene Frage: Kann Gott seine Drohungen tatsächlich wahr machen? Aus Angst, uns zu schaden, wagen wir es nicht, ungehorsam zu sein, auch wenn wir noch nie eine göttliche Strafe direkt erlebt haben. Wir nehmen vielmehr gewöhnliche Missgeschicke wie Krankheiten, Bankrott oder den Verlust lieber Menschen in Kauf und interpretieren sie als von Gott gesandt.

Was ist gut und was ist böse?
Gut ist, zu bekommen, was man will. Böse ist jedes
Hindernis, das sich diesem Streben in den Weg stellt.

Gehorsam ist kein Selbstzweck. Der Gläubige erwartet, belohnt zu werden, wenn er Gottes Gebote achtet. Auf der zweiten Stufe bedeutet das, zu bekommen, was man will. Gott erlaubt uns, uns zu holen, wonach uns verlangt, und gibt uns zudem das Gefühl, dabei im Recht zu sein. In seiner Rolle als Allmächtiger beginnt er, Gebete zu erhören. Nach diesem Wertesystem können sich die Reichen tugendhaft fühlen und die Armen sind moralisch suspekt und müssen sich schämen. Doch Gut und Böse an ihrem Lohn zu messen hat seine Nachteile. Das Ich muss dabei herausfinden, wie es mehr bekommen und gleichzeitig als gut gelten kann. Nur selten kommt dabei eine Lösung heraus, die auf Ehrlichkeit und Zusammenarbeit beruht.

So entsteht Manipulation, die zum Ziel hat, zu bekommen, was man will, und dabei gut dazustehen. Das ist sehr wichtig, wenn man fürchtet, dass Gott zusieht und Buch führt.

Sind dies einfach nur Abkürzungen, die wir alle zu nehmen versucht sind, damit die Dinge in unserem Sinne laufen? Das Alte Testament zeigt Gott selbst als manipulativ – er lobt diejenigen, die sich an die Gesetze halten, zieht sich im Zorn zurück und schickt eine endlose Reihe von Propheten, um gegen Sünden zu predigen und Schuldgefühle zu wecken. Wir verwenden heute dieselben Strategien, wenn wir Druck ausüben, um Menschen dazu zu bringen, sich an das zu halten, was die Mehrheit als gut ansieht, und das Unrecht verschleiern, das jenen angetan wird, die anders sind und denken (Pazifisten, Radikale, Kommunisten etc.).

Worin besteht die Herausforderung meines Lebens?
Höchstleistung.

Bei der zweiten Stufe geht es nicht nur um nackte Macht. Das Leben gewinnt einen Hauch von Optimismus. Die Welt ist da, um erforscht und erobert zu werden.
Auf der zweiten Stufe ist das Ich so auf Leistung fixiert, dass es die drohende Leere ignoriert. Aber nur um ihrer selbst Willen hat die Macht keinen Sinn, und die Anforderung, mehr und mehr Macht anzusammeln (mitsamt ihren Symbolen von Geld und Status) birgt immer noch eine ungeheure innere Leere in sich. Deswegen fordert Gott auf dieser Stufe absolute Loyalität – um die Gläubigen davon abzuhalten, zu tief in sich hineinzuschauen. Die Unordnung in unserem Inneren zu heilen ist kein

leichter Weg. Doch dies ist die Entscheidung, die uns von der zweiten zur dritten Stufe führt.

Worin liegt meine größte Stärke?
Leistungsfähigkeit.

Was ist mein größtes Hindernis?
Schuldgefühle, Opferhaltung.

Jeder, der es genießt, seine Arbeit erfolgreich und geschickt zu erledigen, wird auf dieser Stufe stark der Versuchung ausgesetzt sein, sich eine Auszeit von der spirituellen Reise zu nehmen. Viele können sich nur durch einen drastischen Fehlschlag dazu aufraffen, sich von dieser Stufe zu lösen. Misserfolge bergen etliche Gefahren in sich. Vor allem jene, die sich als Opfer sehen, kommen auf dem spirituellen Weg kaum voran. Aber Misserfolge bewirken auch, dass man manche Grundannahme der zweiten Stufe in Frage stellt. Warum hat Gott mich nicht belohnt, wo ich doch so hart gearbeitet habe? Verfügt er nicht über die Macht, das Schicksal zu beeinflussen – oder hat er mich vergessen? Solange keine solchen Zweifel auftauchen, ist der Gott der zweiten Stufe die ideale Gottheit der wettbewerbsorientierten Marktwirtschaft. Doch es bleibt das Problem der Schuldgefühle. Die zweite Stufe bietet uns die Bequemlichkeit genau definierter Gesetze, doch wenn zu viel Wert auf Regeln und Grenzen gelegt wird, wird das innere Wachstum behindert.

Worin liegt meine größte Versuchung?
Sucht.

Es ist kein Zufall, dass unsere wohlhabende, privilegierte Gesellschaft so anfällig für Suchtverhalten ist. Der Lustgewinn spielt auf der zweiten Stufe eine zentrale Rolle, und wenn Lustgewinn zur Besessenheit wird, entsteht Sucht.

Der Gott der zweiten Stufe wacht eifersüchtig über seine Macht über uns, weil sie ihm gefällt. Er ist süchtig nach Kontrolle. Und wie bei einer menschlichen Sucht ist es auch Gott niemals genug, ganz gleich, wie viel Kontrolle er ausübt.

In ihren Sprechstunden begegnen Psychiater jeden Tag Menschen, die sich über den emotionalen Aufruhr in ihrem Leben beklagen und doch blind ihrer Sucht nach Drama nachgehen. Es gibt auch andere Verhaltens-Süchte: das Bedürfnis, etwas im eigenen Leben zu haben (oder notfalls zu erschaffen), was falsch ist; zwanghafte Gedanken, dass etwas schief gehen könnte – das ist die »Was wäre, wenn…«-Sucht – und schließlich die Besessenheit, um jeden Preis vollkommen zu sein.

Diese letzte Sucht zeigt sich in weltlicher Form bei Menschen, die sich nach der perfekten Familie, dem perfekten Zuhause, der perfekten Karriere sehnen. Sie erkennen nicht einmal die darin liegende Ironie, dass solch eine Vollkommenheit nur auf Kosten unserer angeborenen Spontaneität zu haben ist, die naturgemäß niemals zu kontrollieren ist.

Wenn ein Mensch anfängt zu erkennen, dass es im Leben um mehr geht als darum zu versuchen, perfekt zu sein, tauchen die unterdrückten Bedürfnisse wieder auf. Jetzt erkennt er sie jedoch nicht mehr als böse, sondern als natürlich, und der Weg ist frei, die dritte Stufe zu erklimmen. Es erscheint uns wie ein Wunder, wenn die Wendung nach innen den Bann des »Ich, Mir, Meins« bricht und seinen Begierden ein Ende bereitet.

DRITTE STUFE:
GOTT DES FRIEDENS
(Reaktion gelassenen Gewahrseins)

Ob er Fluten entfesselt oder Kriege anzettelt – der Gott, den wir bislang vorgestellt haben, genießt den Kampf. Ihm zu gehorchen war sehr viel wichtiger als die Erfüllung unserer eigenen Bedürfnisse zu verfolgen.

Das Gleichgewicht verlagert sich allmählich, wenn wir merken, dass wir unsere Bedürfnisse selbst befriedigen können. Wir brauchen keinen Gott »dort oben«, der uns Frieden und Weisheit schenkt, denn wir verfügen in unserer Großhirnrinde über die Mechanismen dafür. Wenn ein Mensch aufhört, sich auf die äußeren Aktivitäten zu konzentrieren, die Augen schließt und sich entspannt, verändert sich die Gehirnaktivität. Das Vorherrschen von Alphawellen weist auf einen Zustand wacher Entspannung hin. Der Blutdruck und der Herzrhythmus sinken, und es wird weniger Sauerstoff verbraucht. Diese Veränderungen mögen banal klingen, aber die subjektive Wirkung kann eindrucksvoll sein. An die Stelle der chaotischen Aktivität des Verstands tritt Frieden. Die innere Unrast legt sich. Die Psalmen verkünden dazu: »Sei still und wisse, ich bin Gott.« Indem er entdeckt, dass der Friede in ihm wohnt, erlangt der Gläubige einen Zustand, in dem ihn Rachsucht und Vergeltung nicht erreichen. Dies ist in jeder Tradition die Grundlage für Kontemplation und Meditation.

Wer bin ich?
Ein stiller Zeuge.

Der Gott der dritten Stufe ist ein Gott des Friedens, weil er einen Ausweg aus dem Kämpfen weist. In einer äußeren Welt, die von Kampf beherrscht wird, gibt es keinen Frieden. Menschen, die versuchen, ihr Umfeld zu kontrollieren – ich denke da an Perfektionisten und andere Arten von Zwangsverhalten – haben sich der Einladung, eine innere Lösung zu finden, verschlossen.

Ein Freund erzählte mir, er habe sich beim Sport die Achillessehne gerissen. Doch statt sich unter quälenden Schmerzen zu winden, fühlte er sich plötzlich äußerst ruhig und gelassen.

Es ist durchaus typisch, dass Menschen ganz plötzlich auf der dritten Stufe landen. Statt eines aktiven, aufgeregten Verstands finden sie auf einmal den stillen Zeugen in sich.

Zwischen dem Schmerz und dem Gehirn muss es etwas geben, was darüber entscheidet, wie viel Leiden empfunden werden wird. Keinen Schmerz zu empfinden ist genauso normal wie sehr starken Schmerz zu spüren. Für Menschen auf der dritten Stufe ist diese Entscheidungsinstanz kein Geheimnis. Sie erkennen in ihr die Frieden bringende Gegenwart Gottes, die nicht nur den körperlichen Schmerz lindert, sondern auch den seelischen Aufruhr. Durch die Wendung nach innen hat der Gläubige einen Weg gefunden, diese Schmerzen zu beenden.

Welche Rolle spiele ich?
Ich bleibe in mir selbst zentriert.

Die eigene Mitte zu finden ist in vieler Hinsicht das größte Geschenk der dritten Stufe. Der Gott des Friedens versichert dem Gläubigen, dass es eine Zuflucht vor Angst und Verwirrung gibt.

Ein Kriegsgott vermochte das Problem nicht zu lösen, und auch unzählige Gesetze haben nicht geholfen. Auch der Gott des Friedens kann das Ende von Kampf und Streit nicht einfach anordnen. Entweder der Mensch muss sich ändern oder er muss einen neuen Aspekt entdecken, der die Gewalt transzendiert. Der neue Aspekt der dritten Stufe ist die Zentriertheit. Wenn Sie Ihre eigene innere Ruhe finden, ist das Problem der Gewalt gelöst, zumindest für Sie persönlich. Ein stark buddhistisch beeinflusster Freund von mir geht sogar noch weiter: Er sagt, wer den bewegungslosen Punkt in seiner Mitte findet, wird zum Mittelpunkt des Universums.

Wenn ich diesen Körper aufgebe, lösen sich alle meine Entscheidungen in Luft auf. Diese Wahrheit zu erkennen macht frei, lehrt der Buddhismus. Dann bin ich der Erkenntnis dessen, was ich wirklich bin, einen Schritt näher.

Wie finde ich Gott?
Durch Meditation, stille Kontemplation.

Im Alten Testament ist deutlich gesagt, dass Frieden nur möglich ist, wenn wir auf Gott als äußere Kraft vertrauen. Das Vertrauen auf Gott aufzugeben und stattdessen auf sich selbst zu bauen, konnte sehr gefährlich sein, ja sogar als Häresie gelten. Doch es gibt auch dort ein paar Hinweise für einen anderen Ansatz. Man findet in der Bibel auch Verse wie: »Trachte am ersten nach dem Reiche Gottes.« Und die Mittel, um sich in sich selbst zu versenken, vor allem die Meditation und die stille Kontemplation, sind dem Beten gar nicht so unähnlich.

Die Menschen wehren sich zweifellos gegen die Vorstellung von Gott als einem inneren Phänomen. Der größte Teil der Gläubigen der Welt ist fest in der ersten und zweiten Stufe verankert und glaubt an einen Gott »da oben«, oder jedenfalls außerhalb ihrer selbst. Das Ganze wird zusätzlich dadurch erschwert, dass die innere Versenkung noch nicht die Offenbarung ist, sondern erst ihr Anfang. Der ruhig gewordene Geist bietet keine plötzlichen Einsichten. In einem mittelalterlichen Werk bekannt als »Die Wolke des Nichtwissens« wird seine Bedeutung jedoch ausführlich dargestellt. Der anonyme Autor des vierzehnten Jahrhunderts beschreibt, welch Entzücken Gott, die Engel und alle Heiligen darin finden, wenn sich ein Mensch an die innere Arbeit macht. Zu Anfang mag davon wenig zu spüren sein:

> *»Denn zu Beginn findest du nichts als eine Finsternis, sozusagen eine Wolke des Nichtwissens … Diese Dunkelheit und diese Wolke stehen zwischen dir und deinem Gott, was immer du auch tust.«*

Nach Ansicht des Verfassers bleibt als einzige Lösung Beharrlichkeit.
Wir werden angehalten, uns in eine »Wolke des Vergessens« von allem außer der Stille der inneren Welt zu begeben. Jahrhundertelang erschien dieses Dokument höchst rätselhaft, doch es offenbart seinen Sinn, wenn wir es im Zusammenhang mit der Reaktion des gelassenen Gewahrseins betrachten.
Die dritte Stufe beruht mehr auf Verheißung als auf Erfüllung, denn sie ist ein einsamer Weg. Wie unser anonymer Schreiber immer wieder betont, wird aus der Stille schließlich Seligkeit und Liebe hervorgehen. Die innere Arbeit dient ausschließlich dazu, Gottes Liebe zu fühlen, und es gibt keinen anderen Weg, dies zu erreichen.

Worin besteht die Herausforderung meines Lebens?
Gleichzeitig engagiert und losgelöst zu sein.

Jesus forderte von seinen Jüngern, »in der Welt, aber nicht von der Welt« zu sein. Sie sollten sich einlassen und dabei losgelöst bleiben – einlassen in dem Sinne, dass sie motiviert blieben, ein würdevolles Lbenb zu führen, und losgelöst in dem Sinne, dass ihre Seelen frei blieben. Dies ist der Balanceakt der dritten Stufe, den viele Menschen schwierig finden. Der Verfasser der »Wolke des Nichtwissens« meint, das eigentliche Dilemma liege weder in der inneren Versenkung noch in der Abwendung von der Gesellschaft und ihren Werten. Er beschreibt die spirituelle Arbeit folgendermaßen:

> *Wer nimmt sich heraus, es Nichts zu nennen? Sicherlich ist es unser äußerer Mensch und nicht unser innerer. Unser innerer Mensch nennt es Alles, denn es lehrt ihn, alle körperlichen oder geistigen Dinge zu verstehen, ohne über etwas Einzelnes besondere Kenntnisse zu haben.*

Dies ist eine bemerkenswerte Beschreibung der Wirkungsweise der Stille. Wir reden hier nicht über die Stille eines leeren Geistes – tatsächlich denken auch jene, die innere Stille erfahren, auf gewöhnliche Weise weiter. Doch ihre Gedanken spielen sich vor einem Hintergrund des Nichtdenkens ab. Der Geist ist von einem Wissen erfüllt, das alles zu erfassen, aber es nicht in Worte zu kleiden vermag. Dieses tiefgründige Wissen ist es, wonach wir streben. Wenn wir äußere Antworten getreulich immer wieder zurückweisen und an unserer Überzeugung festhalten, das verborgene Ziel sei erreichbar, werden unsere Bestrebungen schließlich Früchte tragen.

Während dieser ganzen Zeit der inneren Arbeit muss das äußere Leben weitergehen. Das ist der Balanceakt, auf den Jesus anspielt, wenn er davon spricht, in dieser Welt, aber nicht von dieser Welt zu sein. Oder, wie wir es nennen, gleichzeitig losgelöst und engagiert zu sein.

Worin liegt meine größte Stärke?
Autonomie.

Was ist mein größtes Hindernis?
Fatalismus.

Auf der dritten Stufe bemerkt der Mensch seine Unabhängigkeit. Wenn er sich von sozialem Druck befreit, kann er sein, wie er ist. Doch es gibt das Risiko des Fatalismus, des Gefühls, dass Freiheit nur eine Form der Isolation ist, in der es keine Hoffnung gibt, auf andere einzuwirken. Wie kann ein anderer Mensch, der nicht auf dieser Stufe steht, begreifen, was sie bedeutet? Weil Gandhi allen Äußerlichkeiten entsagt hatte, war er nicht auf die übliche Weise angreifbar. Die Mächtigen konnten ihm nicht damit drohen, ihm seine Arbeit, sein Haus, seine Familie, seine Freiheit oder sein Leben zu nehmen (und sie versuchten es trotzdem). Diese Formen von Macht sind gegenüber innerer Ungebundenheit unwirksam. Die eigene innere Gewissheit ist dann Bestätigung genug und kommt Gottes Segen gleich. Auf dieser Stufe inneren Wachstums liegt die Macht der Innenschau in der Dunkelheit einer Wolke des Nichtwissens verborgen. Doch die Anziehungskraft des Spirituellen wirkt. Durch all die äußeren Opfer scheint etwas gewonnen worden zu sein. Was das ist, zeigt sich erst später. Zu diesem Zeitpunkt gibt es eine Phase, in der sich der Mensch in eine völlig neue Welt hineinfindet.

Worin liegt meine größte Versuchung?
Introvertiertheit.

Ich habe mich sehr bemüht aufzuzeigen, dass es auf der dritten Stufe nicht um Introvertiertheit geht. Vor allem für jene, die die Worte innere Versenkung und innere Stille missverstehen, mag hierin eine

Versuchung bestehen. Jemand, der von Natur aus dazu neigt, sich von der Welt zurückzuziehen, kann sich damit herausreden, Spiritualität sei nach innen gerichtet. Wer allgemein zum Pessimismus neigt, mag in der Ablehnung der materiellen Welt Trost finden.

Echte Entsagung ist jedoch etwas anderes. Sie entsteht aus der Erkenntnis, dass es hinter der Maske der materiellen Welt noch eine Wirklichkeit gibt. Der reichste Mann der Welt kann mit den rechten Erkenntnissen Entsagung üben, während ein gieriger, selbstsüchtiger Mönch dieses Ziel verfehlt. Das Kernthema der dritten Stufe hat mit Treue zu tun. Wem gilt unsere Loyalität – der inneren Welt oder der äußeren? Auf dieser langen Reise begegnen wir vielen Herausforderungen, und was auch immer man sagen mag – die echten Antworten zeigen sich im Feuer der Erfahrung.

4. STUFE:
GOTT, DER ERLÖSER
(Intuitive Reaktion)

Die höheren Stufen der Spiritualität erscheinen aus dieser Sicht mysteriös, denn jenseits der Stille gibt es nichts mehr, wo man hingehen könnte. Wir müssen uns anschauen, was sich aus der Stille entwickeln kann, nämlich Weisheit.

Unter Psychologen ist die Weisheit als echtes Phänomen bekannt. Wenn Sie Menschen verschiedener Altersstufen vor eine Reihe von Problemen stellen, geben die Älteren weisere Antworten als die Jüngeren. Dabei spielt es keine Rolle, um was für ein Problem es sich handelt. Weisheit ist eine Perspektive, die sich auf jede Situation anwenden lässt.

So wie auf der dritten Stufe ein friedvoller Gott geboren wird, entsteht auf der vierten Stufe ein weiser Gott. Als Gott der Erlöser beginnt er, all die Urteile zurückzunehmen, die das Leben belasten. Seine Weisheit erzeugt in uns das Gefühl, geliebt und umsorgt zu sein, und die Einsamkeit der inneren Welt wird gemildert. Aus psychologischer Sicht hängt Weisheit mit Alter und Erfahrung zusammen, aber es geht hier noch um Tieferes. Spirituelle Meister sprechen von der »zweiten Aufmerksamkeit«. Die erste Aufmerksamkeit richtet sich auf die Dinge, mit denen man gerade direkt beschäftigt ist. Die zweite Aufmerksamkeit schaut darüber hinaus und betrachtet das Leben aus einer tieferen Sicht. Daraus erwächst Weisheit. Der Gott der vierten Stufe erscheint nur, wenn diese zweite Aufmerksamkeit kultiviert wird.

Die erste Aufmerksamkeit ordnet die Oberfläche

des Lebens, die zweite Aufmerksamkeit ordnet die tieferen Schichten. Der Gott der vierten Stufe tritt nur in unser Leben, wenn wir uns mit dem Unterbewussten angefreundet haben.

Die große Frage lautet: Wie können wir lernen, der zweiten Aufmerksamkeit zu vertrauen? Sobald wir uns mit dem Wissenden identifizieren – mit jenem Teil in uns, der intuitiv, weise und wohl vertraut mit der Quantenwelt ist – erscheint Gott in anderer Gestalt. Er wird vom Allmächtigen zum Allwissenden.

Wer bin ich?
Der innere Wissende.

Sie werden Ihrer Intuition erst wirklich vertrauen, wenn Sie sich mit ihr identifizieren.

Wer auf der vierten Stufe angekommen ist, hat die Gruppenwerte längst hinter sich gelassen. Die Verlockungen von Krieg, Wettbewerb, Aktienmärkten, Ruhm und Reichtum sind verblasst.

Die Leere des äußeren Lebens wird bedeutungslos, weil eine neue Reise begonnen hat. Die Weisen sitzen nicht herum und betrachten ihre Weisheit – sie durchqueren Zeit und Raum auf einer unaufhaltsamen Seelenreise. Das Verlangen, allein zu sein, das jeden Menschen der vierten Stufe kennzeichnet, beruht auf der gespannten Erwartung, mit der er dem nächsten Akt der Seelenentfaltung entgegensieht.

Das Wort *Erlösung* vermittelt nur eine blasse Ahnung dessen, wie allumfassend diese ganze Expedition ist. Es geht beim Wissenden im Inneren um sehr viel mehr als nur um das Freisein von Sünde. Wer sich noch schuld- und schambeladen fühlt, würde diese Reise niemals antreten. Wir brauchen nicht vollkommen zu sein, um nach den Engeln zu streben, aber wir sollten fähig sein, mit uns selbst zu leben und längere Zeit mit der eigenen Gesellschaft zufrieden zu sein. Ein Empfinden von Sündhaftigkeit ist dabei hinderlich.

Welche Rolle spiele ich?
Ich verstehe.

Auf der dritten Stufe zeigt die innere Welt nur wenig Aktivität. Bei Windstille kann kein Schiff segeln. Es ruht und wartet ab. Auf der vierten Stufe erwacht die innere Welt jedoch zum Leben, und Ruhe und Frieden werden sehr viel nützlicher. Wir beginnen, das Wirken der Realität zu begreifen, und die menschliche Natur fängt an, ihre Geheimnisse zu offenbaren.

Wenn wir lange genug aufmerksam waren (Aufmerksamkeit ist immer das Schlüsselwort), erkennen wir allmählich, dass die Ereignisse Muster bilden und auch Lektionen, Botschaften oder Zeichen enthalten. Dann wird uns bewusst, dass diese äußeren Ereignisse letztlich Symbole für innere Ereignisse sind.

All diese Einsichten führen zu der Schlussfolgerung, dass es keine Opfer gibt, wie es von Weisen oft gesagt wird. Aber wenn sie erklären, alles sei weise und gerecht geordnet, können es ihre Zuhörer oft nicht fassen. Was ist denn dann mit den Kriegen, Feuern, Morden, Flugzeugunglücken, Tyrannei, Verbrechen und so weiter?

An diesem Punkt können wir gut fragen, was der innere Wissende tatsächlich weiß. Nach gängigem Verständnis ist Wissen im Gedächtnis gespeicherte Erfahrung.

Weisheit beruht darauf, mit Gewissheit und Ungewissheit gelassen umgehen zu können. Auf der vierten Stufe ist das Leben spontan und entspricht doch einem Plan; Ereignisse sind überraschend und folgen doch einer unerbittlichen Logik. Merkwürdigerweise entsteht Weisheit oft erst, wenn das Denken aufhört. Statt eine Situation aus allen Blickwinkeln zu betrachten, kehrt eine gewisse Einfachheit ein. In Anwesenheit eines Weisen ist eine lebendige Ruhe spürbar, die ihre eigene Atmosphäre verbreitet. Im Neuen Testament heißt dies der »Frieden, der höher ist denn alle Vernunft«, denn er übersteigt das Denken – alles mentale Kopfzerbrechen der Welt kann uns nicht dahin bringen.

Wie finde ich Gott?
Selbstakzeptanz.

In der inneren Welt gibt es manchmal Stürme, doch noch viel schrecklicher sind ihre Zweifel. Niemand kann auf der vierten Stufe vorwärts kommen, wenn er an sich zweifelt, denn er kann sich auf nichts verlassen als auf sich selbst. Die äußere Unterstützung bietet keine Sicherheit mehr. Im gewöhnlichen Leben fürchten wir solche Verluste.
Seit der Kindheit ziehen wir unsere Sicherheit daraus, Vater, Mutter, Freunde, Ehepartner, eigene Familie zu haben. Diese Bindungen sind Zeichen für ein lebenslanges Bedürfnis nach Unterstützung.
Auf der vierten Stufe schmilzt diese ganze unterstützende Struktur dahin, wir können nur noch innerlich Halt in uns selbst finden. Selbstakzeptanz ist hier der Weg zu Gott. Wenn das bedeutet, die alten Sicherheiten aufzugeben, wird der Preis bereitwillig gezahlt. Die Reise der Seele wird von einer inneren Leidenschaft angetrieben, die Erfüllung fordert.

Was ist gut und was ist böse?
Klarheit und das Erkennen der Wahrheit sind gut.
Blindheit und das Leugnen der Wahrheit sind böse.

Von außen scheint der Mensch auf der vierten Stufe ausgestiegen zu sein. Wenn die sozialen Beziehungen wegfallen, gibt es auch keine soziale Rolle mehr. Die tiefsten Erkenntnisse sind meistens nicht gesellschaftsfähig; daher gelten sie als verrückt, ketzerisch oder kriminell.

Auf der vierten Stufe ist das Gute die Klarheit des Geistes, der die Fähigkeit vermittelt, die Wahrheit zu sehen. Böse ist Blindheit oder Unwissenheit, die es unmöglich machen, die Wahrheit zu erkennen.

Die Suche nach Wahrheit wird zu einem Verlangen, von dem uns niemand abbringen kann. Gut zu sein bedeutet, dieser Suche treu zu bleiben, böse heißt, sich davon abbringen zu lassen. Von Sokrates wissen wir, dass ihn nicht einmal ein Todesurteil erschüttern konnte. Er lehnte es ab zu fliehen. Sich selbst untreu zu werden war für ihn böse. Indem er den Schierlingsbecher trank, starb er als ein Vaterlandsverräter, der sich bis zum letzten Atemzug selbst treu geblieben war; das war sein Bekenntnis zum höchsten Guten.

Worin besteht die Herausforderung meines Lebens?
Über die Dualität hinauszuwachsen.

Ich habe das Thema der Sünde aufgeschoben, bis
wir die innere Welt besser verstanden haben. Sünde
ist ein hartnäckiges Problem. Niemand von uns war
in seiner Kindheit perfekt, deshalb tragen wir alle
Prägungen der Schuld und der Scham in uns.
Sünde kann als ein Unrecht definiert werden, das
einen prägenden Eindruck hinterlässt. Im Osten
wird jede Handlung, die einen Eindruck hinterlässt,
Karma genannt; dahinter steht ein sehr viel um-
fassenderes Verständnis als bei der Sünde. Es geht
dabei nicht um moralische Anklagen. Karma kann
richtig oder falsch sein und doch einen prägenden
Eindruck hinterlassen.
Der Gott der vierten Stufe will erlösen. Er sieht
Sünder und Heilige im selben Licht und alles Tun
als gleich. Diese Bewertung ist ein Skandal. Die Gesellschaft ist dazu da, um zwischen richtig und falsch
zu unterscheiden, nicht dazu, diese Grenze aufzulösen. Als Jesus die große Zahl der jüdischen Gesetze
auf zwei reduzierte (Du sollst keine anderen Götter
neben mir haben und Liebe deinen Nächsten wie
dich selbst) hielten ihn die Menschen in seiner Umgebung für verrückt oder kriminell. Doch eigentlich
war er extrem verantwortungsvoll. In dem Satz »Wie

du säst, so sollst du ernten« hat Jesus das Gesetz des Karmas ganz knapp zusammengefasst. Er hatte nicht die Absicht, Unrecht abzusegnen, sondern wollte auf ein höheres spirituelles Gesetz verweisen: Was wir heute tun bestimmt unsere Zukunft. Diese Dynamik ist sehr viel bedeutender als zu wissen, was Sünde ist.

Was bedeutet dann Vergebung der Sünden? Die Antwort auf diese Frage zu finden ist die Herausforderung dieser Stufe. Eine erlöste Seele sieht sich selbst als neu und makellos. Nach dem Gesetz des Karmas ist es unmöglich, diesen Zustand der Unschuld zu erlangen, denn die Zyklen des Säens und Erntens enden nie.

Theoretisch ist die Antwort einfach: Wir erlösen unsere Seele, indem wir uns Gott zuwenden. Gott transzendiert Karma, weil nur er nicht im Kosmos ist.

Man braucht das Gesetz des Karmas nicht aufzuheben. Im Moment des Erwachens am Morgen sind Sünder und Heiliger im gleichen Zustand. Dieser Zustand entzieht sich Lohn und Strafe. Auf der vierten Stufe liegt Ihre Herausforderung darin, diesen Zustand zu finden, aufrechtzuerhalten und in ihm zu leben. Wenn Sie diese Aufgabe bewältigt haben, hat sich die Dualität aufgelöst. Aus christlicher Sicht ist Ihre Seele dann erlöst und zu ihrer Unschuld zurückgekehrt.

Worin liegt meine größte Stärke?
Einsicht.

Was ist mein größtes Hindernis?
Irrtum.

Bei der inneren Suche geht es darum, alle Bindungen aufzulösen. Dies geschieht nicht auf einmal, und es sind auch nicht alle Bindungen gleich. Es ist völlig normal, tiefe Erkenntnisse über sich selbst zu gewinnen und sich trotzdem noch wie ein Kind bestimmter Dinge zu schämen oder sich dafür schuldig zu fühlen.

Die vierte Stufe erfordert neue Strategien. Niemand kann Ihnen Absolution erteilen – außer Ihnen selbst. Um ein Hindernis zu überwinden, müssen Sie selbst zur Einsicht kommen. Auf der vierten Stufe gibt es nur eine Einsicht und nur einen Irrtum: die Einsicht, dass alles in Ordnung ist; den Irrtum, dass wir unverzeihliche Fehler gemacht hätten. In den Augen Gottes sind alle Seelen unschuldig. Daraus erkennen wir, dass es auch ein Irrtum ist, an Fehlern der Vergangenheit festzuhalten. Sie können unsere Seele nicht beflecken, und ihre restlichen Auswirkungen in Form von Schuld, Scham und Rache werden im Laufe der Zeit fortgespült.

Worin liegt meine größte Versuchung?
Täuschung.

Jede Stufe inneren Wachstums enthält mehr innere Freiheit als die vorige. Die Befreiung von Sünde ist eine große Leistung der vierten Stufe, aber der Preis dafür ist ständige Wachsamkeit.

Es erfordert mehr als nur guten Willen, um das Konzept von richtig und falsch hinter sich zu lassen. Der Prozess muss ohne Täuschungen weitergehen. Das bedeutet viel Arbeit in Form von Meditation, Selbstreflektion und Selbstverantwortung. Jeder Schritt nach vorne muss geprüft werden, und die Versuchung zurückzuweichen besteht bis zum Schluss.

Der ganze Prozess, sich selbst treu zu bleiben, wird durch eine höhere Ebene der Bewusstheit belohnt. Die Probleme der Dualität werden zurückgelassen, und wenn das passiert, entsteht ein subjektives Gefühl der Erlösung.

FÜNFTE STUFE:
GOTT, DER SCHÖPFER
(Kreative Reaktion)

Es gibt eine Ebene der Kreativität, die weit über das hinausgeht, was wir bislang besprochen haben.

Sie taucht auf, wenn die Intuition so kraftvoll wird, dass sie sich einen Weg in die Umwelt bricht. Diese »Super-Intuition« steuert Ereignisse und lässt Wünsche wahr werden, als arbeite ein Künstler nicht in Farbe und auf Leinwand, sondern direkt mit dem Rohmaterial des Lebens.

Jetzt ist die Zeit gekommen, wo sich das Schicksal nicht mehr länger verbirgt. Dies geschieht erst dann, wenn ein Mensch alle Konzepte von Zufall und willkürlichen Ereignissen aufgibt und sich für jedes noch so banale Ereignis verantwortlich fühlt. Die Ereignisse spielen sich dann nicht mehr »da draußen« ab, sondern werden von den eigenen Absichten bestimmt. Auf der fünften Stufe wird der Mensch zum Partner und Mitschöpfer Gottes.

Dies ist der vertrauteste Gott, den wir bis jetzt vorgestellt haben, denn die Schlüsselqualität für die fünfte Stufe ist Offenheit. Gott der Schöpfer ist bereit, seine Macht mit seiner Schöpfung zu teilen. Unser Verstand kann kaum fassen, was es bedeutet, über die Gesamtheit von Zeit und Raum zu verfügen.

Um in Allianz mit Gott zu sein, müssen wir unsere Seite der Partnerschaft erfüllen, was mit ein paar ganz bestimmten Überzeugungen einhergeht:

Wir müssen uns selbst als Zentrum des kreativen Prozesses begreifen.

Wir müssen für alle Ergebnisse die Verantwortung übernehmen.
Wir müssen uns mit einem größeren Selbst als jenem, das hier und jetzt in diesem begrenzten physischen Körper lebt, identifizieren.

Viele Menschen auf dem spirituellen Weg akzeptieren bereitwillig eine oder mehrere dieser Überzeugungen, aber entscheidend ist, wie sehr man diese Überzeugungen lebt. Dies ist eine machtvolle Stufe, und es geht darum zu klären, ob man mit dieser Macht umgehen kann.

Bei Menschen, die sich in einem kreativen Zustand befinden, erzeugt die Großhirnrinde zunächst eine ruhige Wachheit. Im Unterschied zu anderen Entspannungsphasen ist man dabei auf der Suche nach etwas, nach einem inspirativen Impuls, der sich dann im Verstand als Aktivitätsausschlag zeigt. Wahrhaft kreative Menschen neigen dazu, sich innerlich eine Frage zu stellen und dann darauf zu warten, dass sich die Antwort zeigt – daher die Notwendigkeit, sich in einen entspannten Zustand zu versetzen.

Auf der fünften Stufe erkennt der Mensch, dass Gott kein Wesen ist, das nach irgendetwas verlangt. Die Begrenzungen, die uns zurückhalten – und das gilt für jede Wachstumsstufe – existieren nur in unserem Inneren. Aus Gottes Sicht sind alle Entscheidungen gleich gültig, er richtet nicht. Wenn ein Mensch das erkennt, offenbart Gott plötzlich seine tiefsten Geheimnisse – nicht weil Gott seine Meinung geändert hätte, sondern weil wir unsere Sichtweise geändert haben.

Welche Rolle spiele ich?
Ich beabsichtige.

Bei genauerem Hinsehen lässt sich der Schöpfungsakt auf ein einziges Element reduzieren: Absicht. Es gibt keine Zaubertricks, um Gedanken zu verwirklichen, und kein geheimes Wunderwirken. Man beabsichtigt etwas, und es geschieht. In Interviews sagen sehr erfolgreiche Leute oft: »Ich hatte einen Traum, und ich habe daran festgehalten, weil ich sicher war, dass er wahr werden würde.« Natürlich erfordert eine große Leistung auch eine Menge Arbeit, aber auf der fünften Stufe ist das Endergebnis bereits vorbestimmt. Deshalb ist die Arbeit selbst nicht das Wesentliche, sondern einfach das, was zu tun ist, um das Ziel zu erreichen. Wie man es auch empfindet, der Kern des Prozesses liegt in der Absicht.
Eine Idee zu verwirklichen erfordert Absicht. Wenn Sie einen Geistesblitz haben, bleibt dieser solange nur in Ihrem Kopf, bis er sich materialisiert. Das

wichtigste Thema ist also, wie er verwirklicht wird. Es gibt effizientere und ineffizientere Wege. Den effizientesten Weg zeigt uns der Verstand selbst: Wenn ich Sie bitte, an einen Elefanten zu denken, erscheint das Bild einfach in Ihrem Kopf. Es bleibt Ihnen verborgen, dass sich die chemischen und elektromagnetischen Energien von Millionen von Neuronen koordinieren mussten, um dieses Bild zu erzeugen. Was Sie betrifft, sind Absicht und Ergebnis eins; alle Zwischenschritte bleiben unsichtbar. Betrachten wir nun eine umfassendere Intention, zum Beispiel die Absicht, Medizin zu studieren. Zwischen der anfänglichen Idee und ihrer Umsetzung liegen viele Schritte, die überhaupt nicht innerlich sind: die Finanzierung des Studiums, das Bestehen von Prüfungen, die Zulassung und so weiter. Doch genau wie beim Bild des Elefanten beruht jeder dieser Schritte auf Gehirnfunktionen, die unsichtbar koordiniert werden. Wir denken und handeln mit Hilfe von Absichten. Auf der fünften Stufe wird dieser Autopilot auch auf die äußere Welt ausgedehnt. Das heißt, wir erwarten, dass sich der ganze Prozess, Arzt zu werden, mit der geringsten Mühe und ungehindert entfaltet. Die Grenze zwischen »hier drinnen« und »da draußen« wird aufgeweicht. Alle Ereignisse finden zuerst im Geist statt und zeigen sich dann in ihrer äußeren Manifestation.

Ihre Rolle besteht darin, so empfindsam und aufmerksam wie möglich zu bleiben. Die Wendepunkte im Leben zeigen sich zunächst als kleine Zeichen. Winzige Hinweise zu berücksichtigen ist ein wesentlicher Teil der spirituellen Entwicklung. Gott spricht immer in der Stille, aber zu manchen Zeiten ist die Stille lauter als zu anderen.

Wie finde ich Gott?
Durch Inspiration.

»Folge deinem Glücksgefühl« ist ein häufig zitierter Spruch von Joseph Campbell. Auf der fünften Stufe lässt sich dieses Glücksgefühl als Inspiration definieren. Statt Absichten zu verfolgen, die aus dem Ego kommen, fühlen wir uns berufen, etwas höchst Sinnvolles zu tun. Oft spürt man eine gewisse Weite, die über den eigenen Körper hinausgeht. Je mehr Gott die Führung übernimmt, desto glücklicher macht uns die Erfüllung unserer Wünsche – während die Erfüllung von Ego-Wünschen oft nur ein schales Gefühl hinterlässt: Fragen Sie einmal jemanden sechs Monate nach seinem Lottogewinn, wie er sich fühlt.

Inspiriert zu sein ist eine hoher Bewusstseinszustand. Vor vier Jahrzehnten sprach der Psychologe Abraham Maslow das erste Mal von *Gipfelerlebnissen*, wie er den Durchbruch in ein erweitertes Bewusstsein nannte. Gipfelerlebnisse haben viel mit Inspiration gemeinsam, darunter Gefühle von Glücksseligkeit und Bewusstseinserweiterung. Das Bewusstsein erhält dabei einen stark aufgeladenen Impuls aus dem Unbewussten, und auch wenn dies nur ein einziges Mal im Leben passiert, kann das daraus erwachsende Gefühl des Kraftzuwachses noch viele Jahre lang wirksam sein.

Maslow stellte die Theorie auf, dass Gipfelerlebnisse uns eine Ahnung der eigentlichen Normalität der Psyche vermitteln, doch es war praktisch unmöglich, diesen Zustand bei irgendjemandem für längere Zeit nachzuweisen. Maslow und anderen interessierten Forschern zufolge kannten nur fünf Prozent der gesamten Bevölkerung zumindest vorübergehend eine derartige Erfahrung. Für diese Menschen war es dann jedoch zur normalen Erfahrung geworden, sicher, zuversichtlich und voller Vertrauen in sich selbst und andere zu leben. Sie waren voller Dankbarkeit für das, was ihnen das Leben bescherte, und staunten immer wieder darüber, wie sich ihnen die Welt Tag um Tag, Jahr um Jahr so frisch und lebendig zeigte.

Es erschien unrealistisch, die menschliche Natur derart positiv neu zu definieren. Freud hatte bereits postuliert, dass in der menschlichen Natur verborgene Neigungen lauern, die wie gefangene Bestien hervorbrechen können.

Obwohl Maslow zutiefst davon überzeugt war, dass der Mensch von Natur aus vertrauenswürdig und zu großem inneren Wachstum fähig ist, konnte er die enormen Hindernisse nicht leugnen, die uns im Wege stehen. Die meisten Menschen sind zu bedürftig, als dass sie wachsen könnten, denn solange unsere Bedürfnisse nicht erfüllt sind, verbringen wir den größten Teil unseres Lebens damit, nach ihrer Befriedigung zu streben. Laut Maslow gibt es vier Bedürfnis-Ebenen: Die erste bezieht sich auf die körperlichen Bedürfnisse, genährt und gekleidet zu sein; dann kommt das Bedürfnis nach Sicherheit, gefolgt von dem Bedürfnis nach Liebe und schließlich als vierte Ebene das Bedürfnis nach Selbstachtung. Nur an der Spitze dieser Pyramide hat der Mensch die Chance auf Selbstverwirklichung. Wer sich Gott zuwendet, um sich sicher und geliebt zu fühlen, wird eigentlich von Bedürftigkeit getrieben. Gott wird jedenfalls nicht eingreifen, um die Situation richtigzustellen. Von Bedürfnissen getrieben zu werden, gehört einfach zum Leben. Um das Spirituelle zurückzubringen, muss es etwas vollbringen, was Liebe, Sicherheit, Selbstachtung oder Glück nicht können. Wenn wir inspiriert sind, handeln wir überhaupt nicht aus Bedürftigkeit.

Man braucht spirituell nicht besonders fortgeschritten zu sein, um auf der Spitze des Mount Everest oder beim Gewinnen des Nobelpreises ein Triumphgefühl zu verspüren. Spiritueller Fortschritt zeigt sich, wenn auch die kleinen Dinge segensbringend sind.

Worin besteht die Herausforderung meines Lebens?
Mit dem Schöpfer in Einklang zu kommen.

Gehen wir von der Gültigkeit unseres Quantenmodells aus, dann gibt es nichts Unheiliges. Jenseits von richtig und falsch könnte uns der Schöpfer erlauben, alles zu erforschen, was er hat entstehen lassen.

Auf der fünften Stufe mag man fähig sein, sich fast jeden Wunsch zu erfüllen, doch die Wünsche, die sich verwirklichen *sollten*, haben Vorrang. Es drängt uns dazu, Liebe, Seligkeit, Mitgefühl und Frieden auf dem Planeten zu vermehren. Ein inneres Gerechtigkeitsempfinden möchte kultiviert und ein innerer Egoismus sollte gemindert werden. Der höhere Wille, der alle Ereignisse bestimmt, versucht stets, sich bemerkbar zu machen. Wer sich damit in Einklang bringt, durchschreitet diese Phase ungehindert; wer das nicht tut, kann viele Höhen und Tiefen durchleben und die Fähigkeit, die eigenen Wünsche zu manifestieren, kann auf ebenso viele Hindernisse stoßen wie sie aus dem Weg räumen kann.

Worin liegt meine größte Stärke?
Imagination.

Was ist mein größtes Hindernis?
Anmaßung.

Maler oder Komponisten beginnen mit einer leeren Leinwand oder einem leeren Notenblatt. Sie gehen nach innen, und ein Bild erscheint, zunächst vielleicht undeutlich, dann immer klarer. Das Bild geht mit dem Gefühl einher, geboren werden zu wollen. Wenn die Inspiration echt ist, schwindet dieser Eindruck nie. Schöpfer, Schöpfung und Schöpfungsprozess sind miteinander verschmolzen.

Auf der fünften Stufe ist die Verschmelzung noch nicht vollständig. Es besteht die Gefahr, den Prozess an sich zu reißen und damit die Verbindung zu Gott zu durchtrennen.

Das Ringen mit der Anmaßung kann lange dauern, aber es findet immer ein Ende, wenn die Person die Verantwortung wieder an Gott zurückgibt. Mit anderen Worten: Der Weg zur Macht besteht darin, die Macht aufzugeben. Das ist die große Lektion, mit der das Ego in dieser Phase konfrontiert wird.

SECHSTE STUFE:
GOTT DER WUNDER
(Visionäre Reaktion)

In einem inspirierenden Buch las ich einmal
Folgendes:
*Dies ist ein Freizeit-Universum. Ihre Fähigkeit, sich
zu vergnügen, wird nur dadurch begrenzt, wie viel Sie
genießen können.* Als ich diese Worte las, wurde mir
bewusst, dass die größten Heiligen und Meister der
Welt sich vielleicht einfach vergnügt haben.
Trotz all ihrer Wunder oder vielleicht gerade wegen
dieser Wunder stellen wir uns Heilige als freudlos
vor, ohne Beziehungen, ohne sexuelle Impulse. Es
ist unmöglich, sich einen Heiligen mit Geld und
einem schönen Auto vorzustellen. Auf der sechsten Stufe kommen alle diese Annahmen auf den
Prüfstand. Hier sind echte Wunder möglich. Zum
Beispiel hatte eine Nonne, Schwester Maria vom
Gekreuzigten Jesus, die gegen Ende des viktoriani-
schen Zeitalters lebte, die merkwürdige Angewohn-
heit, plötzlich auf Bäume zu fliegen, wo sie wie ein
Vogel von Ast zu Ast hüpfte. Es war Schwester Maria eher peinlich, weil sie ihre Ekstasen nicht steuern
oder vorhersehen konnte, und bei mindestens einer
Gelegenheit (von acht beobachteten) bat sie ihre
Begleiterin schüchtern, sich bitte abzuwenden.

Auf der sechsten Stufe kehrt der Mensch zur Urkraft des Wortes zurück, um den Ursprung zu entdecken. Hinter allem steht Schwingung – nicht im Sinne eines Klangs oder einer Energiewelle, denn diese sind materiell, sondern als eine »Mutterschwingung« der virtuellen Ebene, die alles enthält. In Indien schwingt in dem Namen OM der Klang der göttlichen Mutter, und es heißt, dass die Meditation auf diesen Klang alle Geheimnisse der Mutter offenbart. Gibt es Hirnfunktionen, die Visionen Gottes und das Vollbringen von Wundern ermöglichen, und wenn ja, welche? Wie manche Forscher vermuten, kommen in höheren Bewusstseinszuständen beide Hirnhemisphären in ein perfektes Gleichgewicht.

Ich nenne diese schwer zu bestimmende Hirnfunktion die visionäre Reaktion. Sie ist von der Fähigkeit gekennzeichnet, Energiezustände außerhalb des Körpers zu verändern und Dinge und Ereignisse zu transformieren. Kein Hirnforscher ist auch nur ansatzweise in der Lage zu beschreiben, was im Gehirn vor sich gehen muss, um ein Wunder zu vollbringen. Das erinnert an die philippinischen Geistheiler, die mit den Händen in den Körper der Patienten einzudringen und blutiges Gewebe hervorzubringen scheinen, von dem bei einer Autopsie nichts zu finden wäre. In vielen Fällen berichten die Patienten, sie hätten die Finger des Heilers in sich gespürt, und es wurden schon eindrucksvolle Heilerfolge dokumentiert.

Auf der Quantenebene ist erklärbar, was die Medizinmänner am Rande des Wundersamen vollbringen. Wie wir aus unserem Quantenmodell wissen, lässt sich alles auf Energiepäckchen reduzieren.

Auf der Ebene des gewöhnlichen Lebens bleiben solche Ereignisse allerdings verblüffend, daher schlägt spirituellen Erscheinungen, Geistheilungen und Medizinmännern oft viel Skepsis entgegen. Doch die visionäre Reaktion beschreibt eine andere Bewusstseinsebene, auf der sich die Energiemuster mit jedem Gedanken verändern. Dass diese Veränderungen sich auch in der äußeren Welt auswirken, mag uns erstaunen, doch für einen Menschen der sechsten Stufe ist das nur natürlich.

Wer bin ich?
Erleuchtetes Gewahrsein.

Wir sind auf der ersten Stufe vom physischen Körper ausgegangen und haben uns dann mehr und mehr auf die weniger physischen Ebenen zubewegt. Jetzt sind wir bei nichts als Bewusstheit angelangt. Meine Identität ist ein schwebender Quantennebel, während Photonen sich in die Existenz hinein- und herausblinken.

Von den Millionen Arten, wie sich Erleuchtung definieren ließe, ist die Identifikation mit Licht eine ganz brauchbare. Jesus sprach in Parabeln, aber er hätte es auch wörtlich meinen können, als er seinen Jüngern erklärte: »Ihr seid das Licht der Welt.«

Aus höherer Sicht hat niemand die Macht, Gott völlig außen vor zu halten. Wir können uns nur dem Licht öffnen oder verschließen.

In der Quantenwelt sind die Dinge real, wenn wir sie verwirklichen, indem wir Licht manipulieren. Mit Geduld und Sorgfalt kann das jeder erlernen; das Heilen durch Berührung ist nur eine von vielen Möglichkeiten.

Welche Rolle spiele ich?
Ich liebe.

Wenn ein Mensch Wunder vollbringt, überkommt ihn ein Gefühl intensiver Liebe, und er ist in Licht gebadet. Als Jesus sagte »Ich bin das Licht«, meinte er »Ich befinde mich voll und ganz in Gottes Kraftfeld«.

Wir befinden uns alle im Kraftfeld der Liebe, aber in frühen Phasen des spirituellen Wachstums ist diese Kraft noch schwach. Wir schwanken und lassen uns leicht in andere Richtungen drängen. Nur nach jahrelanger innerer Reinigung von Verdrängung,

Zweifeln, negativen Emotionen und alten Konditionierungen erkennt der Mensch, wie ungeheuer mächtig Gottes Kraft ist. Wenn dies geschieht, lässt er sich um nichts in der Welt mehr von der Liebe abbringen. Die persönliche Emotion der Liebe verwandelt sich in eine kosmische Energie.

Es bedarf eines Quantensprungs des Bewusstseins, um Gott immer zu lieben, doch wenn dieser Sprung endlich stattfindet, gibt es eigentlich keinen Gott mehr, der geliebt werden könnte, jedenfalls nicht als getrenntes Objekt. Die Verschmelzung zwischen dem Anbetenden und dem Angebeteten ist fast vollzogen. Sie genügt bereits, um die gesamte Schöpfung zu beleben

Wie finde ich Gott?
Durch Gnade.

Manchmal wird Gott durch Ekstase empfunden, aber genauso häufig durch Schmerz, Qualen und Verwirrung. Diese Mischung von Gefühlen erinnert uns daran, dass hier zwei Wesenheiten zusammenkommen. Das eine ist der GEIST, und das andere der Körper.

In einem anderen Sinne bietet uns die Gnade auch im Alltag Unterstützung.

Auf der sechsten Stufe ist Gott wie ein Kraftfeld,

und die Gnade ist seine magnetische Anziehungskraft. Gnade passt sich jeder Person an. Wir treffen Entscheidungen, von denen manche gut für uns sind und andere schlecht, und dann gestaltet die Gnade das Ergebnis. Das Gefühl, von der Gnade Gottes angerührt worden zu sein, ist ein Hinweis für uns, dass es Gott gibt und dass er sich darum kümmert, was mit uns geschieht.

Ob im Leben eines Heiligen oder eines Verbrechers – das Element der Gnade verhindert, dass Karma zu einer herzlos mechanischen Angelegenheit wird. Eine Billardkugel muss ihrer vorgezeichneten Bahn folgen, und ein Dieb, der schon hundert Mal geklaut hat, scheint ganz ähnlich seinem Kurs folgen zu müssen. Doch er hat in jedem Augenblick die Möglichkeit aufzuhören und seinen Weg zu ändern. Der Impuls, sich auf das Göttliche zuzubewegen, beruht auf dem Wirken der Gnade.

Was ist gut und was ist böse?
Das Gute ist eine kosmische Kraft. Das Böse ist ein anderer Aspekt derselben Kraft.

Gut zu sein is so schwer, dass der Mensch es schließlich aufgeben muss. Dies ist eine Erkenntnis der sechsten Stufe. Im Christentum ist der Sieg des Guten in diesem Ringen vorbestimmt, da Gott mächtiger ist als Satan, doch im Hinduismus wird der Kampf zwischen Licht und Dunkelheit ewig währen.

Auf der sechsten Stufe ist der Mensch Visionär genug, dies zu erkennen. Dennoch hat er eine Vorstellung vom Guten. Es ist die Kraft der Evolution, die hinter Geburt, Wachstum, Liebe, Wahrheit und Schönheit steht. Er bewahrt sich auch ein Konzept des Bösen. Dies ist die Kraft, die der Evolution entgegenwirkt – wir nennen sie Entropie. Sie führt zu Zerfall, Auflösung, Trägheit und »Sünde« (damit ist hier jede Handlung gemeint, die der Evolution eines Menschen zuwiderläuft). Doch für den Visionär sind dies zwei Seiten derselben Kraft. Gott hat beide erschaffen, weil beide benötigt wurden; Gott ist im Bösen genauso wie im Guten.

Worin besteht die Herausforderung meines Lebens?
Befreiung zu erlangen.

Wenn die sechste Stufe heraufdämmert, ändert sich der Sinn des Lebens. Der Mensch strebt nicht mehr danach, gut und tugendhaft zu sein, sondern er möchte den Verstrickungen entfliehen. Das Kraftfeld Gottes, wie wir es genannt haben, übt eine starke Anziehung aus, um die Seele aus der Umklammerung des Karmas zu lösen. Selbst der erleuchtetste

Heilige hat noch einen physischen Körper, der Tod und Zerfall ausgesetzt ist; auch er isst, trinkt und schläft. Doch er nutzt seine Energie auf andere Weise. Gute Taten erhalten ihren Lohn, genauso wie schlechte. Doch wie wäre es, gar keinen Lohn mehr zu wollen, sondern nur Befreiung? Dies ist der Zustand, den die Buddhisten Nirvana nennen und der oft missverständlich mit »Vergessen« übersetzt wird. Nirvana bedeutet, frei von karmischen Auswirkungen zu sein. Der Tanz der Gegensätze findet ein Ende.

Da nur Gott frei von Ursache und Wirkung ist, führt das Streben nach dem Nirvana zu Gottesverwirklichung. Um der gesellschaftlichen Stabilität willen verpflichten uns die Religionen, das Gute zu ehren und das Böse zu fürchten. Doch wie könnte Gott wollen, dass wir gut sind, und uns gleichzeitig auffordern, darüber hinauszuwachsen?

Die Antwort auf diese Frage liegt ausschließlich im Bereich des Bewusstseins.

Auf der sechsten Stufe wird das Geheimnis, Böses in Segensreiches zu verwandeln, durch die Sehnsucht nach Befreiung gelöst.

Worin liegt meine größte Versuchung?
Märtyrertum.

Unterliegen Heilige der Versuchung, Märtyrer zu werden?

In der Anfangszeit des Christentums wurde das Sterben für den Glauben zur Nachahmung Christi verklärt. Ich will hier nicht das Märtyrertum geringschätzen, ich will nur darauf hinweisen, dass die sechste Stufe nicht das Ende der Reise ist. Noch nicht ganz. Solange im Leiden noch eine Versuchung liegt, gibt es noch eine Spur von Sünde und damit eine letzte, winzige Getrenntheit zwischen Gott und Gläubigem. Das Ego hat noch genug Macht zu behaupten, dass »Ich« damit Gott meine Heiligkeit beweise. Auf der nächsten Stufe gibt es nichts mehr zu beweisen und daher überhaupt kein »Ich« mehr. Diesem Ziel gilt das letzte Ringen des Heiligen. Eine Haaresbreite trennt den Menschen noch von Gott. Erstaunlicherweise wird aus dieser winzigen Distanz eine ganz neue Welt entstehen.

SIEBTE STUFE:
GOTT DES REINEN SEINS – »ICH BIN«
(Spirituelle Reaktion)

Es gibt einen Gott, der nur jenseits der Erfahrung erfahren werden kann.
Der Gott der siebten Stufe wird erkannt, wenn al-

les andere vergessen wird. Jeder Mensch ist durch tausend unsichtbare Fäden mentaler Aktivität mit der Welt verbunden – Zeit, Ort, Identität und alle vergangenen Erfahrungen. Wenn wir meinen, etwas zu wissen, beziehen wir uns nur auf Bruchstücke der Vergangenheit.

Während unser Verstand all diese Informationen verarbeitet, versichert er uns, dass wir wirklich sind. Warum brauchen wir diese Versicherung? Niemand stellt diese Frage, solange uns die Welt sicher ist.

Im Zustand höchster Ekstase erfahren wir Leerheit. Der Gott der siebten Stufe ist so unbegreiflich, dass er sich nicht durch irgendwelche Qualitäten definieren lässt. Es bleibt nichts, an dem man sich festhalten könnte.

Die Leerheit enthält das Potenzial allen Lebens und aller Erfahrung.

Hinter dem Nichts kann sich die Unendlichkeit verbergen – das ist das Mysterium der siebten Stufe. Wir müssen die spirituelle Leiter Sprosse um Sprosse erklimmen. Jetzt, da wir hoch genug gelangt sind, die gesamte Landschaft zu überblicken, können wir die Leiter wegstoßen. Wir bedürfen keiner Unterstützung mehr, noch nicht einmal mehr der Unterstützung des Geistes.

Alles um uns herum ist das Produkt dessen, wer

wir sind. Auf der siebten Stufe projizieren wir nicht mehr Gott, wir projizieren alles. Das ist genauso, als wären wir im Film, außerhalb des Films und der Film selbst. Im Einheitsbewusstsein gibt es keine Getrenntheit mehr. Wir erschaffen kein Bild mehr von Gott, noch nicht einmal mehr das vage Bild eines Heiligen Geistes.

Wer bin ich?
Der Ursprung.

Ein Mensch, der die siebte Stufe erreicht hat, ist so frei von Anhaftungen, dass er auf die Frage »Wer bist du?« nur antwortet: »Ich bin.«

Auf der virtuellen Ebene gibt es weder Energie noch Zeit oder Raum. Diese scheinbare Leere ist jedoch der Ursprung von allem Messbaren wie Energie, Zeit und Raum, so wie ein leerer Geist die Quelle aller Gedanken ist. Auf der siebten Stufe müssen zwei unmögliche Dinge zusammenkommen. Die Person muss einerseits auf einen einzigen Punkt reduziert sein, auf ein winziges Körnchen Identität, damit sich die letzte schmale Lücke zwischen Gott und Mensch schließen kann. Andererseits muss sich genau dann, wenn die Trennung geheilt ist, dieser winzige Punkt in die Unendlichkeit ausdehnen. Die Mystiker beschreiben dies als »das Eine wird zu Allem«. Wissenschaftlich ausgedrückt: Wenn wir in die Quantenzone eintreten, kollabiert die Raumzeit in sich selbst. Das winzigste Ding der Existenz verschmilzt mit dem größten; Punkt und Unendlichkeit sind gleich.

Dieser Prozess klingt wie Sterben, denn wie wir uns ihm auch nähern mögen, wir müssen die uns bekannte Welt aufgeben, um die siebte Stufe zu erreichen.

Die spirituelle Reise führt uns an jenen Ort, wo wir als Seele, als nackter, reiner Bewusstseinspunkt ohne jegliche Eigenschaften begannen. Dieser Ursprung sind wir selbst.

Das löscht unsere gewöhnliche Existenz nicht aus – wir essen, trinken und erfüllen uns unsere Wünsche weiterhin. Doch diese Wünsche gehören zu niemandem mehr, sie sind nur noch Überreste dessen, wer wir einmal waren.

Karma bedeutet, immer mehr von dem zu wollen, was uns ohnehin nirgendwo hinbringt. Auf der siebten Stufe erkennen wir das und jagen keinen Phantomen mehr hinterher. Jetzt kommen wir am Ursprung an, im reinen Sein.

Welche Rolle spiele ich?
Ich bin.

Wenn das Abenteuer der Seelensuche vorüber ist, beruhigt sich alles.

Die kleinsten Unstimmigkeiten und die größten Tragödien – das Steinchen im Schuh und der Zweite Weltkrieg – werden gleichermaßen unwirklich.

Das Ende der Illusion ist das Ende der uns bekannten Erfahrung. Und was bekommen wir dafür? Die reine, unverfälschte Wirklichkeit.

Auf der siebten Stufe verschiebt sich das Gleichgewicht; wir fangen an, das Unveränderliche mehr zu bemerken als das Veränderliche. Die siebte Stufe ist nicht der Lohn für richtige Entscheidungen, sie schenkt uns vielmehr die Erkenntnis dessen, was wir immer gewesen sind.

Wie finde ich Gott?
Durch Transzendieren.

Transzendieren bedeutet, über etwas hinausgehen. Im spirituellen Sinne heißt es auch, erwachsen zu werden. »Als ich ein Mann wurde, legte ich ab, was Kind an mir war«, schreibt Paulus. Das heißt, wir können unserem Karma entwachsen und es hinter uns lassen. Zwei letzte Wirklichkeiten ringen um unsere Anerkennung. Die eine ist das Karma, die Realität des Tuns und Verlangens. Die andere Wirklichkeit, die Endgültigkeit für sich beansprucht, kennt kein Tun mehr, sie *ist* einfach nur. Doch es wäre falsch, sich zwischen diesen beiden Entscheidungen gefangen zu fühlen, denn die Rückkehr zum Ursprung erfolgt letztlich aus Eigennutz. Ich will mich nicht langweilen, ich will am Ende der Jagd nicht mit leeren Händen dastehen. Alle Metaphern und Analogien enden hier, denn so wie ein Traum sich beim Erwachen als Illusion erweist, entlarvt das Sein letztendlich das Karma.

An seinem Ursprung ist der Kosmos gleichermaßen wirklich und unwirklich. Der einzige mir zur Verfügung stehende Weg, irgendetwas zu wissen, sind die Entladungen der Neuronen in meinem Gehirn. Doch selbst wenn ich jedes Photon in meiner Großhirnrinde sehen könnte, würde sich auf jener Ebene auch das Gehirn selbst in Photonen auflösen. Der Beobachter und das, was beobachtet wird, verschmelzen also, und genau so endet die Jagd nach Gott.

Was ist gut und was ist böse?
Das Gute ist die Vereinigung aller Gegensätze.
Das Böse gibt es nicht mehr.

Nur wenn es ganz in die Einheit aufgenommen wurde, endet die Bedrohung durch das Böse endgültig. Die Lücke, die uns daran hindert zu erkennen, wie alle Angst, Versuchung, Sünde und Unvollkommenheit transzendiert werden kann, ist geschlossen. Wenn Satan wieder in den Himmel zurückkehren darf, findet die irdische Geschichte ein Ende, und der Triumph Gottes ist vollkommen.

Wir alle meinen, Leiden sei schlecht. Als Empfindung endet das Leiden hier nicht, es ist Teil unseres biologischen Erbes. Der einzige Weg, darüber hinauszuwachsen, besteht darin, es zu transzendieren. Auf der siebten Stufe werden alle Versionen der Welt als Projektionen erkannt, und eine Projektion ist nichts anderes als eine Sichtweise, die sich mit Leben erfüllt hat. Die höchste Sichtweise würde dementsprechend alles umfassen, was es gibt, ohne Vorlieben und ohne Ablehnung.

Auf der siebten Stufe erkennen wir, dass es nicht unsere Sache ist, die Waagschalen im Gleichgewicht zu halten. Wenn wir unsere Entscheidungen Gott überlassen, sind wir frei, unseren Impulsen zu folgen, weil wir gewiss sind, dass sie der göttlichen Einheit entspringen.

Worin besteht die Herausforderung meines Lebens?
Ich selbst zu sein.

Nichts scheint leichter, als man selbst zu sein, und doch klagen die Menschen ständig darüber, wie schwer es ist. Wenn dann noch die Gesellschaft ihre Anforderungen an uns stellt, wird unsere Freiheit noch weiter eingeschränkt. Auf einer einsamen Insel könnten wir vielleicht wir selbst sein, doch Schuld und Scham würden uns auch dorthin verfolgen. Dem Erbe der Unterdrückung können wir nicht entkommen.

Das Problem sind die Grenzen und Widerstände. Solange mir niemand sagt, was ich nicht tun darf, habe ich keinen Widerstand, und mein Leben wäre formlos. Ich würde jedem Impuls und jeder Laune nachgeben – was auch eine Art von Gefängnis wäre.

Auf der siebten Stufe endet dieses Problem, weil Grenzen und Widerstände schmelzen. In der Einheit kann es keine Begrenzungen geben. Wir sind Ganzheit, und das erfüllt unsere gesamte Wahrnehmung. Die Wahl zwischen A und B erscheint absolut gleichwertig. Ich selbst zu sein bedarf keiner äußerlichen Bezugspunkte mehr.

Vor der siebten Stufe kann der volle Wert des eigenen Selbst nicht erfasst werden. Jedes göttliche Bild bleibt ein Bild; jede Vision führt uns in Versuchung, an ihr festzuhalten. Um wirklich frei zu sein, gibt es keine andere Möglichkeit, als man selbst zu sein. Wir selbst sind das lebendige Zentrum aller Ereignisse, und doch ist kein Ereignis so bedeutend, dass wir uns um seinetwillen aufgeben würden. Auf diese Weise bleibt das Leben frisch und erfüllt sich sein Bedürfnis nach ständiger Erneuerung.

Worin liegt meine größte Stärke?
Einheit.

Was ist mein größtes Hindernis?
Dualität.

Das Gegenteil der Einheit ist Dualität. Zur Zeit glauben fast alle Menschen an eine der zwei vorherrschenden Versionen der Wirklichkeit. Der einen Version zufolge gibt es nur die materielle Welt, und nur die Dinge sind echt, die den physischen Gesetzen gehorchen. Der anderen Version zufolge gibt es zwei Wirklichkeiten, die irdische und die göttliche. Die erste Version nennen wir die säkulare Weltsicht. Selbst religiöse Menschen bedienen sich ihrer in ihrem Alltag. Doch der ausschließliche Glaube an den Materialismus ist, wie wir gesehen haben, aus einer Menge von Gründen nicht akzeptabel. Er kann glaubwürdige, bezeugte Ereignisse wie Wunder, Nahtoderfahrungen und Außerkörpererfahrungen genauso wenig erklären wie die Zeugnisse von Millionen von Menschen, deren Gebete erhört wurden, oder die Entdeckungen der Quantenwelt, die den gewöhnlichen physikalischen Gesetzen zuwiderlaufen.

Die zweite Version ist weniger festgelegt. Sie lässt Raum für spirituelle Erfahrungen und Wunder, die am Rand der materiellen Welt auftreten. In genau diesem Augenblick hört irgendwo jemand die Stimme Gottes, sieht die Jungfrau Maria oder geht ins Licht. Diese Erfahrungen hinterlassen in der materiellen Welt keine Spuren. Sie können gleichzeitig Gott und einen Mercedes haben, nur auf verschiedenen Ebenen. Anders gesagt: Es gibt die Dualität.

In Indien lebt seit Jahrtausenden die starke, Nonduale Tradition des Vedanta. Das Wort bedeutet »das Ende der Veda«, das heißt, dies ist der Punkt, an dem keine heiligen Schriften mehr weiterhelfen, wo alle Lehren enden und Bewusstheit aufdämmert.

Die Grundannahme des Vedanta ist ganz einfach: Die Dualität ist zu schwach, als dass sie für immer Bestand haben könnte. Jede Sünde, jede Täuschung findet irgendwann ihr Ende. Jedes Vergnügen verliert im Laufe der Zeit seinen Reiz. Im Vedanta heißt es, das einzig Echte sei ewiges Seligkeitsbewusstsein (*sat chit ananda*). Diese Worte verheißen uns, dass uns nach Ablauf des Vergänglichen Zeitlosigkeit erwartet, dass die Glückseligkeit das Vergnügen überdauert und dass auf den Schlaf das Erwachen folgt.

In dieser Einfachheit bricht die ganze Vorstellung von Dualität zusammen und offenbart die Einheit jenseits aller Illusionen.

Worin liegt meine größte Versuchung?
Ich bin jenseits aller Versuchungen.

Wer alles hat, kann nicht in Versuchung geraten. Noch besser ist es, wenn einem nichts davon genommen werden kann. Das ist die Macht der Existenz. Wenn wir sagen können »Ich bin diese Macht, du bist diese Macht, und alles um uns herum ist diese Macht« gehört sie uns auf ewig.

Der Weise Vasishtha erkannte als einer der ersten, Menschen, dass wir die Welt nur durch den Filter unseres Geistes erfahren. Was auch immer ich mir vorstelle, ist ein Produkt meiner bisherigen Lebenserfahrung und das ist nur ein winziges Fragment dessen, was ich wissen könnte. Vasishtha selbst schrieb dazu:

Unendlich viele Welten kommen und gehen
In der unfassbaren Weite des Bewusstseins
Wie Staubkörnchen, die in einem Lichtstrahl
tanzen.

Was rufen uns diese Zeilen in Erinnerung? Wenn

die materielle Welt nur ein Produkt meines Bewusstseins ist, muss dasselbe auch für den Himmel gelten. Ich habe daher jedes Recht zu versuchen, den Geist Gottes zu erkennen. Die in geheimnisvoller Stille begonnene Reise endet in mir selbst.

4

Ein Handbuch für Heilige

Wir sind wie neugeborene Kinder. Unsere Kraft liegt in der Kraft zu wachsen.
— Rabindranath Tagore

Angesichts dieser sieben Stufen wird deutlich, wie sehr sich die Religionen darin unterscheiden, wie wir Gott erkennen können. Jede beschreibt einen eigenen Weg mit festgelegten und im Dogma oft sehr streng definierten Schritten. Doch jede Religion hat ihre Heiligen. Heilige sind spirituelle Erfolgsmenschen. Sie zeichnen sich durch tiefe Liebe und Hingabe aus, aber sie sind weit mehr als nur fromm. Da Heilige ihr Leben genauso beginnen wie wir alle, ist die Entwicklung einer natürlichen Haltung der Liebe, Vergebung und Barmherzigkeit eine ungeheure Leistung. Sie erfüllen damit nicht nur die spirituellen Ziele ihrer Religion, sondern beweisen auch dem Rest von uns, dass wir alle über die Mittel verfügen, dorthin zu gelangen.

Heilige zeichnen gewissermaßen eine Landkarte der Zukunft. Auf manchen Abbildungen sehen wir buddhistische Heilige, die sogenannten Bodhisattvas, wie sie über eine Schulter zurückschauen und uns zulächeln, als wollten sie sagen: »Ich bin über die Schwelle gegangen, willst du nachkommen?«

Es ist sinnvoll, ihre Einladung anzunehmen, indem wir nicht nur Liebe und Mitgefühl zeigen, sondern uns auch an die Prinzipien halten, die die Reise der Seele unterstützen. Diese Prinzipien müssten in jedem Handbuch für Heilige stehen, denn sie gelten von der ersten bis zur siebten Stufe gleichermaßen. Natürlich gibt es solch ein Handbuch nicht, aber wenn, müssten die folgenden Erkenntnisse seinen Kern ausmachen:

Evolution lässt sich nicht aufhalten; spirituelles Wachstum ist sicher.
Gott bemerkt jede Tat; nichts bleibt unbemerkt.
Es gibt keine zuverlässigen Verhaltensmaßregeln außer in unserem Herzen und unserem Geist.
Auf den verschiedenen Stufen des Wachstums gibt es unterschiedliche Wirklichkeiten.
Auf einer gewissen Ebene weiß jeder um die höchste Wahrheit.

Jeder Mensch gibt seiner Bewusstseinsebene entsprechend sein Bestes.
Leiden ist vergänglich, Erleuchtung ist ewig.

Diese Erkenntnisse offenbaren sich, wenn wir auf die zahllosen Hinweise des GEISTES achten. Es gibt keine zwei Menschen, die Gott genau gleich sehen, denn keine zwei Menschen sind auf ihrem Weg des Erwachens an genau demselben Punkt. Doch in jenen Augenblicken, wo die fünf Sinne den Weg zu tieferen intuitiven Wahrnehmungen freigeben, erhascht jeder einen kurzen Blick auf die Wirklichkeit. Wenn unser Geist bemerkenswerte Ereignisse oder Erkenntnisse verarbeitet, offenbart die Realität ein Stückchen Wahrheit.

Dem Äußeren nach rast unser aller Leben geschwind, vielleicht sogar chaotisch von einer Szene zur nächsten. Dass es so etwas wie eine innere Reise gibt, käme uns jedoch nie in den Sinn. Doch die Heiligen beweisen es. Am Ziel angekommen, schauen sie zurück und berichten uns davon, dass es im menschlichen Leben dicht unter der Oberfläche ein Muster gibt, einen aufsteigenden Bogen.

Der Weg zur Heiligkeit beginnt unter gewöhnlichen Umständen und in gewöhnlichen Situationen. Es gibt keine Abkürzung zu Gott. Weil wir alle ein Ego haben, stellen wir uns gerne vor, dass wir einfach auf den Gipfel springen, wo die Heiligenscheine verteilt werden, aber so ist es nie. Das innere Leben ist zu komplex, zu angefüllt mit Widersprüchen. Auf der spirituellen Expedition ändert sich die Landkarte mit jedem Schritt, den wir machen.

Was uns wieder zu der Frage zurückbringt: »Wo gehe ich von hier aus hin?«
Der aufsteigende Bogen ist nicht immer offensichtlich. Er wird immer wieder verschleiert. Wir denken nicht an Heiligkeit, wenn Stellenkürzungen unseren Arbeitsplatz bedrohen oder wenn uns jemand die Scheidungspapiere überreicht. Doch gerade in dramatischen Momenten lässt uns die Seele Hinweise in den Schoß fallen, und dann können wir uns entscheiden, sie zu beachten oder auch nicht. Unsere Seele ist immer in Kommunikation mit uns, und im Laufe der Zeit folgen wir immer mehr dem, was sie uns sagt.
Deshalb ist es nützlich, an unserem eigenen Erwachen mitzuwirken – unser Feind ist nicht das Böse, sondern mangelnde Bewusstheit. Verschiedene Praktiken wie Meditation, Gebet, Kontemplation und Yoga haben sich im Laufe der Jahrhunderte sehr bewährt, weil sie die Wahrnehmung schärfen und uns darin unterstützen, die Hinweise auf die spirituelle Wirklichkeit zu erkennen.

Ein spiritueller Mensch hört auf die innere Stimme, die in unserem Kopf ständig ihre Überzeugungen wiederholt, bis wir uns eine neue Überzeugung aneignen, die eine neue Stimme mit sich bringt.

Heilige sehen, dass wir alle in derselben unendlichen Intelligenz, Kreativität und Liebe verankert sind. Unsere Seele und Gott stehen in perfektem Austausch miteinander. Die Gründe, die verhindern, dass wir die Botschaften mitbekommen, haben wir ausführlich erörtert: Ich-Bedürfnisse, verzerrte Wahrnehmungen, mangelndes Selbstwertgefühl und alle Arten von Traumata und Wunden, die unsere besten Absichten zunichte machen. Wenn wir nicht wissen, wer wir sind, wenn wir nicht wissen, was Gott ist, wenn wir nicht wissen, wie wir uns mit der Seele verbinden können, verfallen wir in Sünde und Unwissenheit. In der indischen Alltagssprache wird der Begriff *avidya (zusammengesetzt aus den Wurzeln für »nicht« und »wissen«)* oft gleichermaßen für Sünde und Unwissenheit verwendet, aber all diese geringschätzigen Begriffe verbergen die Essenz der Wahrheit, und die lautet: All diese Hindernisse existieren nur im Bewusstsein und können aufgelöst werden.

Was können Sie heute tun, um spirituell zu wachsen? Hören Sie auf, sich selbst zu definieren. Akzeptieren Sie keine Gedanken, die mit »Ich bin …« beginnen. Sie sind weder dies noch das. Sie sind jenseits jeder

Definition, daher ist jede Aussage von »Ich bin …«
falsch. Sie definieren sich jeden Tag neu. Unterstützen Sie diesen Prozess, und Sie können gar nicht anders, als in in großen Schritten vorwärtszukommen.
Es erfordert eine Menge Aufmerksamkeit, in den
Spiegel zu schauen, denn wir begegnen darin immer
wieder unseren Masken. Doch wenn Sie Ihre der-
zeitigen Haltungen gegenüber irgendeinem akuten
Problem betrachten, werden Sie Hinweise auf Ihre
tieferen Überzeugungen finden, und das ist die Ebene, wo echte Veränderungen erforderlich sind. Eine
Überzeugung ist wie ein Mikrochip, der immer wieder dasselbe Signal sendet, immer dieselbe Interpretation der Wirklichkeit bestätigt, bis wir bereit sind,
den alten Chip herauszunehmen und einen neuen
zu installieren.

Als Kind fühlte ich mich von spirituellen Erfahrungen ausgeschlossen, weil ich nie Buddha oder Krish-
na begegnen würde und ich nie erleben könnte, wie
jemand von den Toten auferweckt oder Wasser in
Wein verwandelt wird. Heute weiß ich, dass Glauben nicht durch Wunder entsteht. Wir alle sind
Gläubige. Wir glauben, die Illusion der materiellen
Welt sei real. Dieser Glaube, diese Überzeugung,
ist unser Gefängnis und das Einzige, was uns daran
hindert, uns auf die Reise ins Unbekannte einzulas-
sen. Trotz all der Heiligen, Weisen und Seher, die in

all den Jahrhunderten gelebt haben, sind nur wenige Menschen fähig, sich für radikale Veränderungen ihrer Glaubensmuster zu öffnen. Die meisten sind dazu nicht imstande. Doch letztlich muss sich unsere Sicht der Dinge der Wirklichkeit anpassen, denn in der Quantenwelt erschaffen unsere Überzeugungen die Realität. Wie wir sehen werden, ist unsere wahre Heimat das Licht, und unsere wahre Aufgabe ist es, aus der Fülle unendlich vieler Möglichkeiten der virtuellen Ebene endlos schöpferisch wirksam zu sein.

5

Außergewöhnliche Kräfte

... denn alle Dinge sind möglich bei Gott.
—Markus-Evangelium 10,27

Wenn es zwei Sichtweisen der Wirklichkeit gibt, die um unsere Anerkennung konkurrieren, warum sollten wir nicht der materiellen folgen? Da Gott nicht eingreift, um Millionen von Notleidenden zumindest mit dem Nötigsten zu versorgen, scheinen Zweifel angebracht zu seine.

Aber auch Zweifel ist keine Alternative. Es gibt geheimnisvolle Phänomene, die sich nur mit einem unsichtbaren Bereich erklären lassen, der unseren spirituellen Ursprung bildet. Um Beweise für die Existenz dieses Bereichs zu erbringen, können wir uns die Unmengen von außergewöhnlichen Erscheinungen anschauen, die sich am Rande des Gewöhnlichen ereignen. Zu diesen gehören Erfahrungen religiösen Erwachens und des »Ins-Licht-Gehens«, wie wir sie be Mensch reits erwähnt haben, aber auch Phänomene wie die folgenden:

Inspiration und Einsicht

Genies, Wunderkinder und Menschen mit ungewöhnlichen Begabungen

Erinnerungen an frühere Leben

Telepathie und außersinnliche Wahrnehmungen

Alter Egos (Persönlichkeitsspaltung)

Synchronizität

Hellsehen und Prophezeiungen

So unterschiedlich sie auch sein mögen, all diese Randphänomene führen uns über das uns bekannte Wissen über das Gehirn hinaus in jene Bereiche des »Geist-Feldes«, die Gott am nächsten sind. Das Gehirn ist ein Empfänger des Geistes, so wie ein Radio Signale eines fernen Senders empfängt.

In den folgenden Abschnitten werden wir uns mit einigen dieser Zusammenhänge befassen und dabei klarer erkennen, dass die Quantenwirklichkeit – der Bereich der Wunder – ganz nah ist.

INSPIRATION UND EINSICHT

Wenn wir uns inspiriert fühlen, spielt mehr als das gewöhnliche Denken mit. Es geht mit einer gehobenen Stimmung und einem Gefühl von plötzlichem Durchbruch einher. Alte Grenzen fallen weg, und man spürt eine Welle der Befreiung – und sei es auch nur für einen Moment. Wenn die Inspiration stark genug ist, kann sich das ganze Leben verändern. Es gibt Einsichten, die dank ihrer großen Kraft jahrelang eingeschliffene Verhaltensmuster in einem Augenblick verändern können.

Meiner Ansicht nach entfalten sich die Ereignisse des Lebens nicht zufällig. Unsere materialistische Weltsicht mag auf sogenannten Zufällen bestehen, aber wir alle haben schon über Wendepunkte unseres Lebens nachgedacht und verblüfft oder staunend erkannt, dass die Lektionen genau dann zu uns kamen, als wir sie brauchten.

Kurz gesagt scheint eine verborgene Intelligenz zu wissen, wann und wie sie uns transformieren kann, und zwar oft genau dann, wenn wir es am wenigsten erwarten. Inspiration ist naturgemäß transformierend – sie be-GEIST-ert uns – und kein Modell der Gehirnfunktionen kann uns bislang auch nur ansatzweise erklären, wie ein Cluster von Neuronen darauf kommt, sich selbst zu transformieren.

Inspiration ist das perfekte Beispiel dafür, wie die unsichtbare Ebene der Wirklichkeit funktioniert. *Was auch immer gebraucht wird, wird zur Verfügung gestellt.* Unser Geist ist kein Computer, er ist eine lebendige Intelligenz, die sich weiterentwickelt, und dafür braucht sie neue Impulse.

Auf den frühen Stufen der Evolution war die Entwicklung von den Algen zu Pflanzen genauso ein Intelligenzsprung, ein Augenblick der Inspiration, wie die Entdeckung der Relativität.

Auf jeder Ebene ist Inspiration ein Schritt hin zu mehr Befreiung, und Befreiung ist eine Entscheidung. Im Bereich des Geistes gibt es sowohl Freiheit als auch Bindung; wir entscheiden uns, wozu wir mehr neigen. Jeder Mensch setzt seine eigenen Grenzen und durchbricht sie, wenn er den evolutionären Impuls dazu verspürt.

Wir alle kennen Menschen, deren Probleme völlig unnötig erscheinen, und doch fehlt ihnen die nötige Erkenntnis, um sie zu lösen. Wir können ihnen die entsprechende Einsicht auf dem Silbertablett servieren – sie können sie nicht annehmen. Einsicht und Inspiration müssen gesucht werden, und dann müssen sie sich entfalten dürfen. Die spirituellen Meister sagen dazu: Man muss für diese Art von Wissen bereit sein. Inspiration lehrt uns: Transformation beginnt mit dem Vertrauen auf eine höhere Intelligenz, die weiß, wie sie mit uns Verbindung aufnehmen kann.

ERINNERUNGEN AN FRÜHERE LEBEN

Wer waren Sie, bevor Sie geboren wurden? Über die Möglichkeit eines Lebens nach dem Tode wird im Westen viel diskutiert, aber eine Existenz vor dem Leben ist genauso möglich. Wenn man nur an ein Leben nach dem Tode glaubt, ist man auf eine sehr begrenzte, dualistische Sicht der Zeit festgelegt. Es gibt dann nur »hier« und »danach«. Doch wenn das Leben kontinuierlich ist, wenn die Reise der Seele nie aufhört, dann eröffnet sich eine völlig andere Weltsicht.

Menschen, die Zeit mit Genies und Wunderkindern verbringen, empfinden sie oft als unwirklich, gewissermaßen übernatürlich, als wäre eine sehr alte Seele in einen neuen Körper eingesperrt und bringt doch Erfahrungen mit sich, die weit über das hinausgehen, was dieser Körper wissen kann. Die Vermutung, hier mache sich der Einfluss eines früheren Lebens bemerkbar, liegt nahe.

Der Bereich des Unmanifesten ermöglicht es uns, das Thema etwas anders zu betrachten. Wir können die Vorstellungen von früheren Leben in eine Frage des Bewusstseins umformulieren. Es scheint, als sei der Geist nicht durch Erfahrungen begrenzt – wir alle haben schon Augenblicke erlebt, in denen wir mehr wussten, als wir eigentlich wissen konnten.

Es gibt eine Menge Beweise dafür, dass der Geist nicht an Raum und Zeit gebunden ist.

Die DNA besteht aus Einfachzuckern und ein paar Proteinen, die sich nie teilen oder vermehren, egal wie viele Milliarden von Jahren sie existieren. Welcher Schritt hat diese einfachen Moleküle dazu gebracht, sich zusammenzuschließen, sich in Mustern mit Milliarden winziger Segmente anzuordnen und plötzlich zu lernen, sich zu teilen?

Eine plausible Antwort lautet: Da ist ein unsichtbares Organisationsprinzip am Werk. Die Fähigkeit, sich zu vermehren, ist für das Leben unverzichtbar, Chemikalien jedoch brauchen das überhaupt nicht. Selbst auf dieser ganz grundlegenden Ebene können wir also gewisse Aspekte von Bewusstsein feststellen – Erkennen, Erinnerung, Selbsterhaltung und Identität spielen eine Rolle. Und dann kommt noch das Element der Zeit ins Spiel.

Damit ein Baby entstehen kann, braucht eine befruchtete Zelle eine perfekte Zeitplanung. Jedes Körperorgan existiert im Keim bereits in der DNA, doch damit alles richtig ausgebildet wird, muss eine gewisse Reihenfolge eingehalten werden. In den ersten Tagen und Wochen besteht der Embryo aus einer Masse undifferenzierter, miteinander verschmolzener Keimzellen, der Zygote. Doch schon bald beginnt eine Zelle, einzigartige Chemikalien zu bilden. Obwohl die Mutterzelle für alle dieselbe ist, wissen manche der Nachkommen, dass sie zum Beispiel Gehirnzellen werden sollen. Als solche müssen sie sich spezialisieren und andere Formen bilden als Muskel- oder Knochenzellen. Sie tun das alles mit bemerkenswerter Präzision, aber darüber hinaus senden sie auch Signale aus, um andere Proto-Gehirnzellen anzuziehen. Gleich und gleich gesellt sich gern, und auch wenn die zukünftigen Gehirnzellen auf ihrem Weg zueinander an Proto-Herzzellen, Proto-Nierenzellen oder Proto-Magenzellen vorbeiwandern, stören sie sich nicht gegenseitig, und es gibt keine Unklarheiten über ihre Identität. Dieses Schauspiel ist viel erstaunlicher als alles, was das Auge sehen kann. Stellen Sie sich nur vor: Die Gehirnzelle weiß irgendwie schon vorher, was sie werden wird. Wie behält sie inmitten von Milliarden unterschiedlicher Signale ihr Lebensziel im Blick? Gedächtnis, Lernen und Identität gehen der Materie voraus; sie steuern und beherrschen sie.

Ich schließe daraus, dass das Bewusstseinsfeld unsere wahre Heimat ist und dass die Geheimnisse der Evolution im Bewusstsein liegen und nicht im Körper oder gar in der DNA.

Kehren wir zu unserer Ausgangsfrage zurück: Wer waren wir, bevor wir wir selbst waren? Die vedischen

Seher meinen: »Das wirkliche Du lässt sich nicht in einen Körper oder eine Lebensspanne zwängen.« So wie die Realität von der virtuellen über die Quantenebene bis in die materielle Welt strömt, strömen auch wir von einer Ebene in die andere. Es spielt dabei kaum eine Rolle, ob wir das dann Reinkarnation nennen oder nicht. Eine einzige befruchtete Zelle lernt, ein Gehirn zu werden, indem sie zu sich selbst erwacht, und zwar nicht auf der chemischen Ebene, sondern auf der Bewusstseinsebene.

Stellen wir uns einmal vor, ein erweitertes Bewusstsein wäre normal. Raum und Zeit sind dann einfach bequeme Konzepte, die in der materiellen Welt zutreffen, aber sich zunehmend auflösen, je mehr wir uns der Quantenwelt nähern. Meiner Ansicht nach geht es bei der Reinkarnation genau darum. Frühere Leben fallen in das unerforschte Gebiet des erweiterten Bewusstseins. Es ist nicht unbedingt notwendig zu entscheiden, ob es sie »wirklich« gibt oder nicht. Ich werde nie einen konkreten Beweis dafür erhalten, dass ich zur Zeit des Kaisers Ashoka ein nepalesischer Soldat war. Aber wenn ich etwas über Ashoka und seine Bekehrung zum Buddhismus lese, fühle ich mich davon sehr stark berührt, und wenn meine Empathie so stark ist, dass ich mir einige seiner Prinzipien zu eigen mache, können wir zu Recht sagen, dass mein Geist von einem umfassenderen

Leben beeinflusst wurde. Die Begriffe »früheres Leben« und »erweitertes Leben« beschreiben auf sehr konkrete Weise dasselbe.

Menschen, die sich ihren früheren Leben – wenn wir einmal diese Begriffe verwenden wollen – verschließen, versagen sich damit Lektionen, die ihrem gegenwärtigen Leben Sinn und Bedeutung verleihen könnten. Wer diese Lektionen ganz integriert hat, braucht kein weiteres Leben mehr.

Schließlich gibt uns die Tatsache, dass wir nicht auf unseren physischen Körper beschränkt sind, Grund, an die Existenz einer kosmischen Intelligenz zu glauben, die alles Leben durchdringt.

Der zeitlose Ort, wo Gott existiert, lässt sich nicht auf eine Adresse reduzieren. Unsere Erkundung früherer Leben zeigt, dass dasselbe auch für uns gelten könnte.

HELLSEHEN UND PROPHEZEIUNGEN

Wie wir gesehen haben, werden Dinge, die in der materiellen Welt klar definiert zu sein scheinen, zu schemenhaften Phantomen, je tiefer wir in den Bereich des Unmanifesten eintauchen. Die Zeit bildet da keine Ausnahme. Auf einer gewissen Ebene der Wirklichkeit existiert sie kaum. Wenn sich die Grenzen der Zeit ganz auflösen, ist es möglich, jene

Art mentaler Zeitreise zu erleben, die auch Hellsehen oder Zukunftsschau genannt wird.

Hellsichtige erleben einen »unwirklichen« visuellen Zustand, doch ihre innere Vision wird wahr. Wie kann ein rein innerliches Neuronengewitter zu Ereignissen passen, die noch nicht stattgefunden haben?

Ich kenne Hellsichtige, die eine genaue Beschreibung zukünftiger Partner oder richterlicher Urteile geben können, bis hin zum Datum des Richterspruchs. Diese Genauigkeit gibt ernsthaft zu denken. Die Zukunft kann sich demnach auf unterschiedliche Weise in der Gegenwart bemerkbar machen.

Es gibt keine klaren Ereignisse, keinen Fluss der Zeit, der von der Vergangenheit über die Gegenwart in die Zukunft fließt. Es gibt nur in jedem Ereignis unendlich viele Wahlmöglichkeiten, und wir bestimmen, welche sich davon manifestieren. Vielleicht wählen wir, nicht hellsichtig zu sein, damit sich unsere Überzeugung einer unberechenbaren Zukunft bestätigt.

In der Vision des Hellsichtigen findet die Zukunft an zwei Orten statt – hier und später. Er kann wählen, an welchem dieser Orte er an der Zukunft teilhaben will.

Jene von uns, die eine einfachere Weltsicht pflegen, in der die Zukunft nur an einem Ort stattfindet –

nämlich später – bringen damit nur eine persönliche Neigung zum Ausdruck. Es gibt kein dahinter stehendes Naturgesetz. Die Zeit bestimmt, dass zuerst das eine geschieht und dann das andere, ohne Überschneidungen. Sie können nicht gleichzeitig Kind und Erwachsener sein – außer durch Hellsichtigkeit. Dort können einzelne Ereignisse ineinanderfließen. Der höchste Sinn des Hellsehens könnte darin liegen, uns einen kurzen Einblick in den Geist Gottes zu schenken, denn ein göttlicher Geist kann nicht durch die Zeit begrenzt sein und steht über Vergangenheit, Gegenwart und Zukunft. Das ist das ultimative Geheimnis des Hellsehens – jeder Augenblick, ob jetzt oder später, ist ein Tor zur Ewigkeit. Auch Propheten leben meiner Ansicht nach in diesem erweiterten Zustand.

Unser Wissen um die Quantenwirklichkeit kann uns helfen, dies zumindest ansatzweise zu verstehen, weil dort alles Licht entsteht. Im Quantenreich sind Energie und Raumzeit nicht getrennt; sie bilden ein Gewebe. Die Astrologen gehen noch einen Schritt weiter: Sie zerlegen den ganzen Kosmos in spezifische Energien, die die menschliche Existenz betreffen.

Das Konzept der in Energie eingebetteten Information ist auch außerhalb der Astrologie nicht unbekannt. Für einen Physiker ist die gesamte Natur von

Informationen durchdrungen. Bestimmte Frequenzen bilden Infrarotlicht, das sich von ultraviolettem Licht unterscheidet; Gammastrahlen sind anders als Radiowellen, und alles zusammen bildet eine Art kosmischen Code. Die in Energie enthaltenen Informationen ermöglichen es uns, elektrische Generatoren, Infrarotlampen, Radiosender und vieles mehr zu bauen. Ohne diese kodierten Informationen bestünde das Universum nur aus zufälligen Schwingungen.

Unsere Fähigkeit, die Grenzen der Zeit zu überwinden oder die Sprache des Lichts zu sprechen, macht deutlich, dass selbst unsere grundlegendsten Annahmen auf Entscheidungen beruhen. Bewusstsein ist alles. Vergangenheit und Zukunft sind Ablenkungen, die uns in einen abstrakten mentalen Zustand ziehen, der aller Lebendigkeit entbehrt. Sobald das Bewusstsein bereit ist, sich zu erweitern, können wir unendlich tief in den gegenwärtigen Moment eintauchen. Wenn wir unseren Geist als multidimensional erfahren, kommen wir dem alle Dimensionen umfassenden Geist Gottes näher.

6

WEGE ZU GOTT

Bittet, so wird euch gegeben; suchet, so werdet ihr finden; klopfet an, so wird euch aufgetan.
— Matthäus-Evangelium 7,7

Es wäre unmöglich, Gott zu erkennen, wenn er nicht erkannt werden wollte. Nichts kann verhindern, dass sich jede Stufe der Spiritualität als Illusion entpuppt. Der Heilige, der mit Gott spricht, könnte unter einer Läsion des rechten Temporallappens leiden. Andererseits könnte ein überzeugter Atheist die Botschaften, die Gott täglich sendet, einfach ausblenden.

Unser Quantenmodell verweist auf drei Wege, wie Gott bereits mit uns in Kontakt steht:

1. Er existiert auf einer Ebene der Wirklichkeit jenseits unserer fünf Sinne, die der Ursprung unseres Seins ist. Als Quantenwesen haben wir ständig an Gott teil, ohne es zu merken.

2. Er schickt uns Botschaften und hinterlässt Hinweise in der materiellen Welt.
3. Er macht sich in der »zweiten Aufmerksamkeit« bemerkbar, in jenem tiefsten, intuitiven Teil unseres Gehirns, den die meisten Menschen ignorieren.

Diese drei Wege der Gotteserkenntnis beruhen auf den Fakten, die wir auf unserer bisherigen Suche gesammelt haben. Wir haben das Flugzeug gebaut und kennen die Theorie des Fliegens – jetzt müssen wir nur noch abheben.

Gottes Botschaften scheinen von außerhalb von Zeit und Raum zu kommen. Manche dieser spirituellen Hinweise sind subtil, andere aber auch sehr dramatisch.

Kürzlich wurde in Lourdes ein Ire von multipler Sklerose geheilt. Als er zur Pilgerstätte kam, war es schon spät, und die heilige Quelle war verschlossen. Enttäuscht kehrte er in seinem Rollstuhl ins Hotel zurück. Doch während er allein in seinem Zimmer saß, spürte er plötzlich eine Veränderung. Ein Lichtblitz schoss so stark seine Wirbelsäule empor, dass er sich krümmte und das Bewusstsein verlor. Aber als er wieder zu sich kam, konnte er gehen, und alle Anzeichen der MS waren verschwunden. Er kehrte geheilt nach Hause zurück. Tausende von Men-

schen kennen derartige Erfahrungen, daher gibt es
für mich keinen Zweifel, dass hier das »Licht Gottes« wirkt, das in jeder spirituellen Tradition verehrt
wird. Es gibt nicht viele andere Arten, in denen
Gott in unserer Welt derart spürbar wird.

Um zum Ursprung der Botschaften Gottes zurückzukehren, brauchen wir die zweite Aufmerksamkeit,
unsere Fähigkeit, etwas ohne physische Informationen zu wissen. Intuition, Prophezeiungen und
die spirituellen Erkenntnisse der Heiligen sind alles
Ausdrucksformen der zweiten Aufmerksamkeit.

Wenn wir versuchen, Gott zu erkennen, stoßen wir
auf dieselben Probleme, wie wenn wir erforschen
wollen, was außerhalb des Universums liegt.

Wir können nicht in diese andere Welt schauen,
aber wir können Schwarze Löcher und Quasare
beobachten, die einem Fenster am Rande der Unendlichkeit gleichen. Das Licht und die Energie,
die in ein Schwarzes Loch hinein gesaugt werden,
verschwinden aus unserem Kosmos. Sie gehen also
irgendwo hin. Vielleicht kehren sie auch in »Weißen Löchern« oder Schöpfungsereignissen wie dem
Urknall zu uns zurück. Gott zeigt sich dabei jedoch
nicht.

Um Gott persönlich zu erkennen, müssen wir
eine Grenze überschreiten, die die Physiker den
»Ereignishorizont« nennen und die die Realität in

zwei Teile trennt. Auf der einen Seite dieser Trennlinie liegt alles, was unterhalb der Lichtgeschwindigkeit bleibt; auf der anderen Seite ist alles, was schneller ist als Licht. Lichtgeschwindigkeit ist absolut, sie ist wie eine Wand, durch die nichts hindurchgeht. Je näher wir dieser Wand kommen, desto langsamer verläuft die Zeit, desto geringer wird die Masse, und der Raum fängt an, sich zu krümmen. Wer versucht, durch diese Wand hindurch zu brechen, wird durch merkwürdige Geschehnisse daran gehindert.

Zum Beispiel wird alles Licht, das einem Schwarzen Loch zu nahe kommt, in sein Schwerkraftfeld gezogen. Schwarze Löcher sind die Überreste alter Sterne, die in sich selbst zusammengefallen sind. Manchmal ist das Kraftfeld eines solchen Sterns so unwiderstehlich, dass sich ihm selbst das Licht nicht entziehen kann. Dann gibt es nur Schwärze. Wenn ein Lichtphoton versucht, an einem Schwarzen Loch vorbeizukommen, fängt seine Bahn an, sich zu krümmen, bis es hineinstürzt.

Für einen äußeren Beobachter stürzt das Photon ewig in das Schwarze Loch, als stünde die Zeit still. Innerhalb des Schwarzen Loches ist das Photon jedoch bereits verschlungen. Beides ist wahr; die eine Perspektive kommt aus der Welt des Lichts, die andere aus der Welt jenseits des Lichts. Diese Grenze der Ungewissheit ist der Ereignishorizont, der die

Wirklichkeit in das Gewisse und das Ungewisse, das Bekannte und das Unbekannte trennt.

Auch jede andere Grenze, an der die Möglichkeiten der Erkenntnis scheitern, ist ein Ereignishorizont. Das Gehirn kann den Bereich jenseits der Photonen nicht erkunden. Was liegt jenseits des Ereignishorizonts? Es könnte ein neues Universum mit intelligentem Leben sein; oder ein Chaos aus zusammengequetschten Dimensionen, die wie zerknüllte Laken in einem Wäschetrockner umeinander wirbeln.

Die Quantenphysik überschreitet diese Grenze immer wieder, aber sie kann dort nicht lange verweilen. Wenn ein Teilchenbeschleuniger zwei Atome bombardiert und dadurch ein subatomares Teilchen für einen winzigen Bruchteil einer Sekunde aus seinem Versteck springt, wurde der Ereignishorizont überschritten. Die Wissenschaften haben sich so zur Atomkraft, zu Transistoren und (wenn wir in die Zukunft schauen) hochentwickelten Computerspeichern und Zeitreisen vorangearbeitet. In einem Labor des California Institute of Technology ist es bereits gelungen, einen Lichtstrahl von einem Ort zum anderen zu bewegen, ohne den dazwischen liegenden Raum zu durchqueren, was einer einfachen Art des Zeitreisens entspricht. Auf jeden Fall wissen wir jedoch, dass Gott nicht auf unserer Seite des Ereignishorizonts sein kann. Seit dem Urknall ist das Licht etwa zehn bis fünfzehn Milliarden Jahre lang unterwegs. Merkwürdigerweise scheinen bestimmte ferne Objekte jedoch eine Strahlung auszusenden, die älter ist als das Universum. Kosmologen können das nicht erklären. Wenn das menschliche Gehirn in der Grenzzone, wo Photonen sich zu Gedanken ordnen, seinen eigenen Ereignishorizont enthält, und wenn das auch für den Kosmos gilt, dann müssen wir diese Grenze überwinden, um die Heimat des GEISTES zu finden.

EINE LANDKARTE DER SEELE

In den alten Veden heißt es, jener Teil von uns, der nicht an den Tod glaubt, werde nie sterben. Diese einfache Definition der Seele ist gar nicht so schlecht. Sie beschreibt genau jene geheime, weit verbreitete Überzeugung, dass der Tod zwar für manche eine Realität ist, jedoch nicht für uns selbst. Psychologen reagieren auf solche Gefühle persönlicher Unsterblichkeit eher ungeduldig. Sie meinen, wir würden damit nur die unausweichliche Tatsache verdrängen, dass wir eines Tages sterben werden. Aber vielleicht ist ja auch das Gegenteil wahr. Was wäre, wenn unser Empfinden, unsterblich und dem Tod überlegen zu sein, das Wirklichste an uns wäre?

Um diesen Standpunkt zu beweisen, brauchen wir Tatsachen, genau wie wir sie für Gott gebraucht haben. Die Seele ist genauso mysteriös wie Gott, und wir haben ähnlich wenig zuverlässige Fakten an der Hand. Als erste Tatsache möchte ich anführen, dass die Seele nicht so persönlich ist, wie die meisten Menschen meinen. Die Seele fühlt nicht und bewegt sich nicht; sie wandert nicht mit uns durch unseren Alltag und erleidet weder Geburt noch Verfall und Tod. Das alles heißt, die Seele befindet sich außerhalb des gewöhnlichen Erfahrungsraums. Da sie auch keine Form hat, ist es auch unmöglich, ein mentales Bild der Seele zu erschaffen.

In Indien nimmt man an, die Seele bestehe aus zwei Teilen. Der eine heißt *Jiva* und bezieht sich auf die individuelle Seele, die durch viele Leben wandert, bis sie vollständig zur Gotteserkenntnis erwacht. Wenn wir einem Kind beibringen, gut zu sein, damit die Seele in den Himmel kommt, reden wir über Jiva. In all unserem Tun und Lassen spielt Jiva mit. Unsere guten und schlechten Taten wirken auf Jiva ein, Jiva bestimmt unser Gewissen, und alle karmischen Samen wurzeln darin. Unsere individuelle Persönlichkeit beruht auf Jiva, und die Art, wie wir leben, verändert Jiva jeden Tag.

Die zweite Hälfte der Seele heißt *Atman* und begleitet uns auf keiner Reise. Der reine GEIST des

Atman besteht aus derselben Essenz wie Gott. Atman ist unveränderlich und erreicht Gott nie, weil es ihn nie verlassen hat. Wie gut oder schlecht unser Leben auch sein mag, Atman bleibt stets gleich. Der schlimmste Verbrecher und der größte Heilige haben in dieser Hinsicht dieselbe Seelenqualität. Im Westen gibt es keinen Begriff, der Atman nahe käme, und viele wundern sich vielleicht, wozu solch eine Aufteilung der Seele sinnvoll sein sollte.

Wir haben gesehen, wie all die vertrauten Qualitäten des Lebens wie Zeit, Raum, Energie und Materie allmählich schemenhaft verblassen und irgendwann verschwinden. Doch etwas bleibt – der GEIST selbst. Jiva existiert auf der Quantenebene, Atman auf der virtuellen Ebene. Die subtilste Spur eines »Ich«, die man auf der Quantenebene entdecken kann, ist Jiva, und wenn sich auch das auflöst, bleibt nichts als reiner GEIST – Atman. Die Unterscheidung zwischen diesen beiden ist unerlässlich, denn ohne sie gäbe es keinen Weg zurück zu Gott.

Obwohl diese beiden Aspekte als »Seele« zusammengeschweißt sind, erweisen sie sich doch in vieler Hinsicht als Gegensätze. Das Paradox der Seele besteht darin, dass sie sich unserer Welt der Zeit, des Denkens und Handelns anpassen kann und gleichzeitig für immer in der spirituellen Welt verweilt. Die Seele muss halb menschlich, halb göttlich sein, um während all der Gebete, der Meditationen und des spirituellen Suchens nach Gott unsere Identität zu bewahren, und doch muss die Seele auch einen göttlichen Aspekt in sich tragen, der das Ziel all dieses Suchens verkörpert.

Auf der materiellen Ebene bin ich mir meines Atmans nicht bewusst. Ich gehe und rede und denke, ohne mir bewusst zu sein, dass mein Ursprung sehr viel tiefer liegt. Auf der Seelenebene bin ich mir jedoch vollkommen bewusst, wer ich bin. Die Seelenebene ist ein merkwürdiger Ort, denn aus ihr entstehen alle Aktivitäten, ohne dass sie selbst aktiv ist. Das gibt viel Stoff zum Nachdenken. Wenn ich von hier nach dort reise, bewegt sich meine Seele nicht, denn auf der Quantenebene gibt es nur ein Kräuseln und Schwingen, da verändert nichts den Ort. Ich werde geboren, altere und sterbe – diese drei Ereignisse haben für meinen Körper und meinen Geist enorme Bedeutung. Doch auf der Quantenebene wird nichts geboren, nichts altert und nichts stirbt. Es gibt kein altes Photon. Für einen Quantenphysiker sind unsere Körper Dinge wie alle anderen. Ein durch den Raum geworfener Ball bewegt sich nicht, sondern blinkt sich mit unglaublicher Geschwindigkeit an verschiedenen Orten in die Existenz und wieder heraus. Mit uns verhält es sich genauso. Doch hier vertieft sich das Mysterium.

Wenn der Ball, nachdem er für eine Nanosekunde verschwunden war, ein Stückchen links oder rechts davon wieder erscheint, warum ist er dann nicht zerfallen? Schließlich war er doch einen Moment lang vollkommen weg, und es gibt keinen Grund, weshalb sich seine alte Form, Größe und Farbe in dieser Zeit nicht einfach aufgelöst haben sollten. Quantenphysiker können sogar die Wahrscheinlichkeit errechnen, mit der statt eines fliegenden Balles plötzlich etwas anderes, vielleicht eine Schale mit rosa Götterspeise erscheint. Was hält alles zusammen?

Dies ist die Beweisführung für die Seele. Sie hält die Wirklichkeit zusammen; sie ist unser Regisseur hinter der Bühne, unsere alles überschauende Intelligenz. Dank unserer Seele können wir denken, reden, arbeiten, lieben und träumen, und doch tut die Seele nichts von alledem. Sie und wir sind eins, und doch würden wir sie nie erkennen, wenn wir ihr begegnen würden. Alles, was das Leben vom Tod unterscheidet, kommt durch die Seele in diese Welt.

DIE MACHT DER ABSICHT

Das Ziel der Spiritualität ist es zu lernen, mit Gott zusammenzuarbeiten. Die meisten von uns sind dazu erzogen worden, das Gegenteil zu tun. Unsere Fähigkeiten und Fertigkeiten entstehen aus der ersten Aufmerksamkeit und nicht aus der zweiten. Folglich kreisen unsere Probleme eher um die niederen Stufen, wo, allem Leugnen zum Trotz, Angst und Bedürftigkeit ihren Tribut fordern. Auf diesen frühen Stufen fordert das Ego seine Bedürfnisse mit viel Nachdruck ein – Geld, Sicherheit, Sex und Macht prägen unsere Gesellschaft in hohem Maße. Es ist wichtig zu erkennen, dass Gott diese Dinge nicht verurteilt – wenn Menschen meinen, ihren Erfolg Gott zu verdanken, haben sie recht. Wenn Fehlverhalten ungestraft bleibt und gute Taten keinen Lohn bringen, lächelt Gott über beides. Es gibt nur eine spirituelle Wirklichkeit, und nichts geschieht außerhalb des Geistes Gottes. Mit jedem Gedanken sind wir mit der Quelle aller Kreativität und Intelligenz verbunden.

Was macht dann ein spirituelles Leben aus?

Der Unterschied liegt ganz in der Absicht. Wie am Anfang dieses Buches beschrieben, könnten wir zwei Menschen mit der Kamera von der Geburt bis zum Tode begleiten und würden von außen niemals erkennen, welcher von beiden an Gott glaubt. Diese Tatsache gilt nach wie vor. Solange wir nicht in ein Kloster gehen oder uns als Einsiedler zurückziehen, hat die Spiritualität keinen Einfluss auf unsere soziale Rolle. Entscheidend ist die Absicht. Wenn jemand freundlich spricht, aber dabei den anderen herabsetzen will, wird diese Absicht spürbar. Das teuerste Geschenk kann keine fehlende Liebe ersetzen. Wir wissen instinktiv, ob jemandes Absicht aufrichtig ist oder vorgetäuscht.

Im spirituellen Leben gehören Willenskraft, Zielstrebigkeit und höchste Visionskraft zur Absicht. Wenn die Absicht auf Gott ausgerichtet ist, entwickelt sich der GEIST. Wenn die Absicht auf die materielle Existenz ausgerichtet ist, wird stattdessen diese zunehmen. Wenn der Samen der Absicht gepflanzt ist, entfaltet sich die Reise der Seele automatisch. Das Folgende sind einige grundlegende Absichten, die ein spirituelles Leben kennzeichnen:

Ich möchte Gottes Gegenwart spüren. Diese Absicht wurzelt in dem Unbehagen der Isolation und Getrenntheit. Wenn Gott abwesend ist, können wir dem Gefühl der Einsamkeit nicht entkommen. Wir können es überspielen, indem wir Freundschaften und Familienbande pflegen. Doch letztlich braucht jeder von uns ein Gefühl der inneren Fülle und des Friedens. Wir möchten in uns selbst zufrieden sein, unabhängig davon, ob wir allein oder in Gesellschaft sind.

Ich möchte Gottes Hilfe und Unterstützung. Mit Gottes Gegenwart gehen die Qualitäten des

GEISTES einher. Am Ursprung wird jede Qualität – Liebe, Intelligenz, Wahrheit, Organisationskraft, Kreativität – unendlich. Die Zunahme dieser Dinge im Leben ist ein Zeichen für die Annäherung an die Seele.

Ich möchte mich mit dem Ganzen verbunden fühlen. Die Reise der Seele führt von einem fragmentierten Zustand zu einem Zustand der Ganzheit. Dies wird als stärkere Verbundenheit wahrgenommen. Die Ereignisse fangen an, Muster zu bilden. Kleine Details fügen sich zusammen, statt zufällig verstreut zu wirken.

Ich möchte, dass mein Leben sinnvoll ist. In der Getrenntheit fühlt sich das Dasein leer an. Dies ist nur durch die Einheit mit Gott zu heilen. Statt den Lebenssinn im Außen zu suchen, spürt der Mensch, dass einfach hier zu sein, so wie er ist, den höchsten Zweck der Schöpfung erfüllt.

Ich möchte frei von Beschränkungen sein. Die innere Freiheit leidet, wenn Angst im Spiel ist, und Angst ist ein natürliches Ergebnis von Getrenntheit. Je näher wir der Seele kommen, desto mehr schmelzen die alten Grenzen und Abwehrmechanismen dahin. Statt die Zukunft zu fürchten, gehen wir mit dem Fluss des Lebens erwartungsvoll jenem Tag entgegen, an dem uns keine Grenzen irgendeiner Art mehr aufhalten.

Wenn diese grundlegenden Absichten in uns präsent sind, übernimmt Gott die Verantwortung für die Umsetzung. Alles, was wir dann tun, ist sekundär. Wer beispielsweise in der Angst gefangen ist, kann ungeachtet aller guten Taten, guter familiärer Beziehungen und positiven Denkens nicht über die erste Stufe hinausgehen. Wir alle versuchen, unsere Begrenzungen hinter vorgetäuschten Haltungen zu verbergen; es ist nur menschlich, besser dastehen zu wollen, als man ist, vor allem vor sich selbst. Doch wenn wir unsere Absicht richtig ausrichten, wird die Selbsttäuschung unbedeutend. Man muss sich dann immer noch seinen Ich-Bedürfnissen stellen und agiert immer noch seine persönlichen Dramen aus. Diese Aktivitäten finden auf der Bühne der ersten Aufmerksamkeit statt, doch hinter der Bühne verfügt der GEIST über seine eigenen Mittel. Unsere Absicht ist wie ein Gott überantworteter Entwurf, den er auf seine Weise vollständig umsetzt. Manchmal verwendet er dazu Wunder, manchmal stellt er nur sicher, dass Sie den Flug nach New York nicht verpassen. Alles ist möglich – und genau das macht die Schönheit und das Überraschungsmoment eines spirituellen Lebens aus.

Merkwürdigerweise setzen gerade Menschen, die sich besonders mächtig und erfolgreich fühlen, die in Bezug auf das spirituelle Wachstum schlimmsten Absichten in Bewegung. Einige der typischen Beispiele dafür, die nichts mit der Suche nach Gott zu tun haben, lauten:

Ich will gewinnen.
Ich will mich beweisen, indem ich Risiken eingehe.
Ich will Macht über andere haben.
Ich will die Regeln bestimmen.
Ich will die Kontrolle haben.
Ich will es so machen, wie ich will.

Diese Absichten dürften sehr vertraut klingen, da sie in den populären Romanen, in der Werbung und in den Medien bis zum Überdruss wiederholt werden. Sie drehen sich alle um Ich-Bedürfnisse, und so lange unsere Absichten von dieser Ebene kommen, wird unser Leben sich entsprechend gestalten. Das ist das Schicksal, wenn man in einem Spiegel-Universum lebt. Man begegnet Hunderten von Menschen, die sich in ihren eigenen Absichten täuschen, denn ihre Egos haben die Kontrolle fest in der Hand. Manche der mächtigsten Personen der Welt sind spirituell sehr naiv. Wenn die Absicht dem Ego überlassen bleibt, können zwar große Dinge geleistet werden, aber sie sind winzig im Vergleich zu dem, was möglich ist, wenn uns unendliche Intelligenz und Organisationskraft zur Verfügung stehen. Gott ist auf der Seite der Fülle. Unglücklicherweise ist das spirituelle Leben in den Ruf geraten, mittellos, zurückgezogen und asketisch zu sein. Gott steht auch auf der Seite gesteigerter Glücksgefühle. Die Schatten des Märtyrertums lasten immer noch auf der Spiritualität, und das hat schlimme Folgen. In der heutigen Zeit bedeutet spirituell zu sein mehr denn je, einen einsamen Weg zu gehen. In einer Gesellschaft voller fehlgeleiteter Gottesvorstellungen und ohne eine lebendige Tradition spiritueller Meister sind wir, was unsere Absichten betrifft, auf uns selbst angewiesen.

Das Folgende sind ein paar grundlegende Regeln, die sich für mich persönlich bewährt haben und die meiner Ansicht nach für viele Menschen nützlich sein können:

Seien Sie sich Ihrer Absichten bewusst. Schauen Sie sich die zuvor aufgelisteten spirituellen Absichten an, um sicher zu sein, dass sie deren Bedeutung verstanden haben. Es ist Ihre Bestimmung, sich auf die Seele zuzubewegen, aber der Kraftstoff der Bestimmung ist die Absicht. Richten Sie Ihre Absicht darauf, die

Lücke der Getrenntheit jeden Tag ein wenig mehr zu schließen. Entlarven Sie Ihre falschen Absichten. Entwurzeln Sie sie und arbeiten Sie an dem Ärger und der Angst, die Sie daran festhalten lassen. Falsche Absichten kommen auch als schuldbewusstes Verlangen einher: Ich will, dass ein anderer versagt, ich will Vergeltung, ich will, dass die Bösen bestraft werden, ich will etwas haben, was mir nicht gehört. Falsche Absichten können schwer zu fassen sein, aber Sie können sie an den Gefühlen erkennen, die mit ihnen einhergehen: Gefühle der Angst, der Gier, der Wut, der Hoffnungslosigkeit oder der Schwäche. Nehmen Sie das Gefühl wahr, weigern Sie sich, darauf einzusteigen, und bleiben Sie dann aufmerksam, bis Sie die Absicht erkennen, die darunter lauert.

Setzen Sie sich hohe Ziele. Streben Sie danach, ein Heiliger und Wunderwirker zu sein. Warum auch nicht? Die Gesetze der Natur gelten für alle gleich. Wenn Sie wissen, dass das Ziel inneren Wachstums darin besteht, Meisterschaft zu erlangen, warum dann nicht so bald wie möglich nach Meisterschaft streben? Und wenn Sie es getan haben, bemühen Sie sich nicht darum, Wunder zu bewirken, aber verweigern Sie sich ihnen auch nicht. Meisterschaft beginnt mit der Vision: Sehen Sie die Wunder um sich herum, das macht es den großen Wundern leichter sich zu vermehren.

Sehen Sie sich im Licht. Durch Gefühle der Bedürftigkeit und Ohnmacht behält uns das Ego im Griff. Aus diesem Mangelempfinden entsteht ein enormer Hunger nach allem, was in unserer Reichweite liegt. Geld, Macht, Sex und Vergnügen sollen den Mangel ausgleichen und schaffen es doch nie. Sie können diesem ganzen Paket von Illusionen entgehen, indem Sie sich selbst vom ersten Augenblick an im Licht sehen und nicht als Menschen, der im Schatten steht und darum kämpft, zu Gott zu gelangen. Der einzige Unterschied zwischen Ihnen und einem Heiligen besteht darin, dass Ihr Licht klein und sein Licht groß ist. Dieser Unterschied verblasst jedoch gegenüber den Gemeinsamkeiten: Sie entstammen beide dem Licht. Wenn Menschen nach Nahtoderfahrungen davon berichten, wie sie glückselig in blendendem Licht gebadet haben, übersehen sie ironischerweise eines: dass das Licht schon immer da war. Es ist das Selbst.

Sehen Sie jeden in demselben Licht. Die billigste Art, sich selbst gut zu fühlen, ist, sich über andere zu stellen. Aus dieser dunklen Saat erwächst jede Menge Verurteilung. Es ist jedoch lebensnotwendig, das Richten hinter sich zu lassen, und um da hinein zu wachsen gilt es, damit aufzuhören, andere in gut und schlecht einzuteilen. Jeder lebt in demselben Licht. Eine einfache Formel kann helfen: Wenn Sie versucht sind, einen anderen Menschen zu verurteilen – wie sehr er es auch zu verdienen scheint – erinnern Sie sich daran, dass jeder das Beste tut, was ihm auf seiner Bewusstseinsebene möglich ist.

Stärken Sie jeden Tag Ihre Absichten. Oberflächlich betrachtet sind die Hindernisse gegen den GEIST riesig. Das alltägliche Leben ist eine Art wirbelndes Chaos, und das Ego ist zutiefst in seine Ansprüche verstrickt. Eine gute Absicht reicht nicht, um uns da hindurch zu tragen. Es erfordert Disziplin, uns tagein, tagaus an unsere spirituelle Aufgabe zu erinnern. Manchen Menschen hilft es, ihre Absichten aufzuschreiben, andere meditieren oder beten regelmäßig. Es reicht nicht, sich seine guten Absichten nebenher ins Gedächtnis zu rufen. Finden Sie Ihre Mitte, betrachten Sie sich gründlich und lassen Sie nicht von Ihrer Absicht ab, bis sie sich zentral in Ihnen verankert hat.

Lernen Sie, sich selbst zu vergeben. Das Ego findet Wege, sich des GEISTES in seinem eigenen Interesse zu bedienen und so zu tun, als wäre alles prima. So tappen wir unerwartet der Selbstsucht und der Täuschung in die Falle. Die achtlose, verletzende Bemerkung, die leichtsinnige Schwindelei, der unwiderstehliche Drang zu mogeln sind allgegenwärtig. Vergeben Sie sich dafür zu sein, wer Sie sind. Aufrichtig zuzugeben, ein von Ehrgeiz getriebenes und von Schuldgefühlen geplagtes Wesen der zweiten Stufe zu sein, ist spiritueller als so zu tun, als sei man heilig. Wenden Sie den oben genannten Grundsatz auch auf sich selbst an: Auch Sie tun das Beste, was Ihnen auf Ihrer Bewusstseinsebene möglich ist (ich erinnere mich gerne daran, wie ein Meister den perfekten Schüler als jemanden beschrieb, der immer stolpert, aber niemals fällt).

Lernen Sie loszulassen. Das Paradox der Spiritualität besteht darin, dass man immer gleich-

151

zeitig das Richtige und das Falsche tut. Es ist richtig zu versuchen, Gott auf jede erdenkliche Weise zu erkennen. Doch es ist falsch zu meinen, die Dinge würden sich morgen nicht verändern. Leben ist Veränderung; wir müssen darauf vorbereitet sein, die Überzeugungen, Gedanken und Handlungen von heute loszulassen, egal wie spirituell sie sich anfühlen mögen. Jede Stufe spirituellen Wachstums ist gut, jede wird von Gott unterstützt. Nur mit Hilfe der zweiten Aufmerksamkeit können wir wissen, wann es Zeit zum Weitergehen ist. Zögern Sie nicht, das Vergangene loszulassen, wenn es so weit ist.

Verehren Sie, was heilig ist. Unsere Gesellschaft lehrt uns, dem Heiligen gegenüber skeptisch zu sein. Gewöhnlich begegnet man Wundern mit einer gewissen Vorsicht, und nur wenige Menschen nehmen sich Zeit, in den Reichtum der Heiligen Schriften der Welt einzutauchen. Doch jeder Heilige ist Ihre Zukunft, und jeder Meister, der Ihnen über die Schulter zulächelt, wartet darauf, dass Sie mitkommen. Die menschlichen Repräsentanten Gottes stellen einen unendlichen Schatz dar. Das Eintauchen in diesen Schatz hilft, das Herz zu öffnen. Genau dann, wenn Ihre Seele erblühen will, kann das Wort eines Heiligen oder Weisen ihr die rechte Nahrung geben.

Überlassen Sie sich Gott. Wenn alles gesagt und getan ist, liegt die Macht im GEIST oder nicht. Wenn es nur eine Wirklichkeit gibt, kann in der materiellen Welt nichts außerhalb von Gott sein. Das bedeutet, alles, was Sie wollen, kann der GEIST geben. Doch die Entscheidung, was Sie tun und was Sie Gott überlassen wollen, ist nicht einfach. Sie verändert sich von Stufe zu Stufe. In dieser Hinsicht sind Sie auf sich selbst gestellt, niemand anderes kann Ihnen sagen, was zu tun ist. Die meisten Menschen sind süchtig danach, sich zu sorgen, zu kontrollieren, alles durchzuorganisieren und nicht zu vertrauen. Widerstehen Sie täglich der Versuchung, diesen Neigungen nachzugeben. Hören Sie nicht auf die Stimme, die Ihnen weismachen will, dass Sie alles steuern müssten, dass es nicht funktionieren wird, dass ständige Wachsamkeit der einzige Weg ist, irgendetwas hinzubekommen. Diese Stimme hat recht, weil Sie sich zu oft nach ihr richten. Sie wird nicht mehr recht haben, wenn Sie dem GEIST mehr Raum geben.

Seien Sie experimentierfreudig. Ihre Absicht ist Ihr kraftvollstes Instrument. Beabsichtigen Sie, dass sich alles so fügen wird, wie es soll, lassen Sie dann los und achten Sie auf Hinweise. Lassen Sie Gelegenheiten und neue Wege auf sich zukommen. Ihre tiefste Intelligenz weiß viel mehr als Sie darüber, was gut für Sie ist. Achten Sie darauf, ob sie zu Ihnen spricht. Vielleicht ist das Ergebnis, das Sie so hartnäckig anstreben, letztlich nicht so gut für Sie wie jenes, das sich natürlicherweise ergibt. Wenn Sie jeden Tag ein Prozent Ihres Lebens Gott überlassen könnten, wären Sie in drei Monaten der erleuchtetste Mensch der Welt. Denken Sie daran und geben Sie sich jeden Tag an irgendeinem Punkt hin.

Nehmen Sie das Unbekannte an. Sie sind nicht, wer Sie zu sein meinen. Seit Ihrer Geburt beruht Ihre Identität auf sehr eingeschränkten Erfahrungen. Im Laufe der Jahre haben Sie Vorlieben und Abneigungen entwickelt; Sie haben gelernt, bestimmte Grenzen zu akzeptieren. All die vielen Dinge, die Sie im Laufe der Zeit angesammelt haben, bieten Ihnen ein fragiles Empfinden von Erfüllung. Nichts von alledem sind Sie wirklich. Doch keiner kann einfach so das Echte an die Stelle des Falschen setzen. Es ist ein Entdeckungsprozess. Weil es so schmerzhaft ist, die vielen Schichten der Illusionen abzutragen, müssen wir der Seele Zeit lassen, sich ihrem eigenen Rhythmus gemäß zu entfalten. Gehen Sie davon aus, dass Sie das Unbekannte erwartet und dass es nichts mit dem »Ich« zu tun hat, das Sie kennen. Manche Menschen erreichen das Ende der Illusionen erst im Augenblick ihres Todes. Rückblickend erscheint ihnen ihr Leben dann unglaublich kurz und flüchtig.

Um 1890 lag ein Blackfoot-Häuptling im Sterben. Sein Name war Isapwo Muksika Crowfoot, und er flüsterte einem Missionar folgende Worte ins Ohr:

Was ist Leben? Es ist das Aufleuchten eines Glühwürmchens in der Nacht, es ist der Atem eines Büffels im Winter, es ist der kleine Schatten, der über das Gras streicht und sich im Sonnenuntergang verliert.

Jener Teil von uns, den wir bereits kennen, verglüht viel zu rasch. Viel besser ist es, diese Zeit zu nutzen und zeitlos zu werden. Wenn Sie einen neuen Impuls verspüren, einen aufmunternden Gedanken denken oder eine Erkenntnis haben, die Sie noch nie umgesetzt haben: Lassen Sie sich auf das Unbekannte ein. Hegen Sie es mit Zärtlichkeit wie ein neugeborenes Kind. Das Unbekannte ist das Einzige, dem wirklich etwas am Schicksal unserer Seele liegt; daher wäre es gut, es wie etwas Heiliges zu verehren. Gott lebt im Unbekannten, und wenn wir uns ganz auf das Unbekannte einlassen, sind wir frei und zu Hause.

DER AUTOR

Deepak Chopra ist Autor von über fünfzig Büchern, die in mehr als fünfunddreißig Sprachen übersetzt wurden, darunter mehrere Bestseller in den Bereichen Belletristik und Sachbuch. Er leitet unter anderem eine wöchentliche Radiosendung über Themen wie Erfolg, Liebe, Sexualität und Beziehungen, Gesundheit und Spiritualität. Das Time Magazin bezeichnet Deepak Chopra als einen der 100 wichtigsten Helden und Idole des Jahrhunderts und nennt ihn den »Dichter-Propheten der Alternativ-Medizin« (Juni 1999). Mehr Informationen finden Sie unter www.deepakchopra.com

Deepak Chopra
Jung bleiben – ein Leben lang
Vitalität und Klarheit bis ins hohe Alter

€ [D] 8,95, TB, 160 Seiten
ISBN 978-3-86728-154-6

Wichtige Erkenntnisse der Philosophie, Biologie, Quantenwissenschaft sowie alter Weisheitsüberlieferungen verdeutlichen, dass die uns bekannten Merkmale des Alterns weitgehend vermeidbar sind. Durch rechte Lebensführung und Ernährung können wir lernen, den Alterungsprozess sogar umzukehren und unser ganzes Leben lang vital, kreativ und energiegeladen zu bleiben.
Schritt für Schritt lernen wir, für uns ein individuell zugeschnittenes Programm zusammenzustellen, zu dem Stressreduktion, Ernährungsumstellung und sportliche Betätigung gehören, um uns ein Maximum an Lebensqualität und Gesundheit zu sichern. Allen, die im Herzen noch jung sind, wird hier ein bemerkenswerter Ansatz geboten, ihr unbegrenztes körperliches und spirituelles Potenzial zu nutzen.

Deepak Chopra
Mit dem Herzen führen
Management und Spiritualität
gebunden, 240 Seiten, € [D] 14,99
ISBN 978-3-86728-182-9

»Mit dem Herzen führen« enthält die Essenz dessen, was Deepak Chopra in seinen Führungskräfte-Seminaren lehrt, doch dieselben Prinzipien gelten auch für jeden anderen Lebensbereich, für Familien, Schulen und Nachbarschaften. »Auf der tiefsten Ebene ist die Führungsperson die symbolische Seele der Gruppe«, sagt Chopra. Nachdem Sie Ihr Seelenprofil und Ihre Kernwerte identifiziert haben, lernen Sie, sieben Fähigkeiten zu entwickeln, die Ihr Potenzial für innere Größe zur Entfaltung bringen. Die damit einhergehende Verbindung zur Seelenebene schenkt Ihnen uneingeschränkten Zugang zu den wichtigsten Führungsqualitäten: zu Kreativität, Intelligenz, Organisationskraft und Liebe. Die Zukunft entsteht in jedem Augenblick, und hier und jetzt können wir uns entscheiden, führend an ihr mitzuwirken.